発達と教育の心理学

三浦 正樹 編著

髙木 典子　三溝 雄史　石王 敦子

八千代出版

執筆分担 (掲載順)

三浦　正樹　　芦屋大学臨床教育学部教授

　　　　　　　　　　　　第1章・第8章5・第10章・第11章

髙木　典子　　大阪青山大学子ども教育学部教授

　　　　　　　　　　　　第2章・第3章・第12章

三溝　雄史　　スクールカウンセラー／元芦屋大学非常勤講師

　　　　　　　　　　　　第4章・第5章・第6章・第7章

石王　敦子　　追手門学院大学心理学部教授

　　　　　　　　　　　　第8章1〜4・第9章

　　　　　　　　　まえがき

　現代の心理学は研究分野が多岐にわたり細分化されている。その分類方法もさまざまなものがあるが、日本心理学会が認定する認定心理士の手引きを参考にすれば、専門分野として「知覚心理学・学習心理学」「生理心理学・比較心理学」「教育心理学・発達心理学」「臨床心理学・人格心理学」「社会心理学・産業心理学」の5領域に分けるのが妥当であろう。これらの中にあって、教育心理学の特徴は学校教育や教育実践に資するための応用的な学問であるということがあげられる。

　教育心理学は心理学の中の一分野であるが、他方では教育学の一分野でもある。教職を目指すものはさまざまな教育学関連科目を学ばなければならないが、教育心理学は明治期にできた教員養成校である師範学校以来、必須科目の内の一つであった。現行の教育職員免許法で教育心理学に関連する科目は、教育の基礎的理解に関する科目の中の「幼児、児童及び生徒の心身の発達及び学習の過程」があるが、本書はこの分野を扱ったもので、半期で完結できるように編集してある。

　本書の特色として次の点があげられる。
1．心理学の初学者にも分かりやすい記述を心がけた。

　本書は、教職を目指す学生用の教育心理学の教科書である。例えば法学部で社会の免許を、文学部で英語の免許を、体育学部で保健体育の免許を目指す学生は多いと思われる。彼らはそれぞれの専門を学びつつ教職科目を履修するため、必ずしも心理学の基礎を学んでいるとはいえない。あるいは教育学部や心理学部の学生であっても1年生で教育心理学を学ぶ場合は実質的には心理学の初学者といえよう。そのような学生が理解しやすいように、専門的記述や細かすぎる知識は極力避け、しかしながら内容の質は担保できるよう心がけた。
2．教育を意識した教科書。

教職を希望する学生は教育心理学以外にも、教職の意義等に関する科目（例・教職論）、教育に関する社会的、制度的または経営的事項に関する科目（例・教育行政学）、各教科指導法などを学んでいく。彼らにとって教育心理学は教職科目の中の一つであり、学んでいる科目がどのように教育実践に結びついているかをシビアに判断している。教職を目指す学生は総じて熱心な学生が多いが、本書はそうした学生の期待に応えるべく、単に心理学の知識を伝えるだけではなく、現代の教育や学校、児童・生徒の健全な発達を意識した教科書になるよう心がけた。

3．特別支援教育の章を設けた。

従来の教育心理学の教科書では、心身の障害について部分的に記述することはあっても独立した章として扱っているものが少ないように見受けられる。本書では独立した章として特別支援教育に関する章を設け、学習や指導をしやすいようにした。

本書により、発達や学習の過程、認知心理学そして心身の障害や特別支援教育についてバランスよく学ぶことが可能となろう。

以上のような企画意図で「発達と教育の心理学」と題する教科書を編んだが、幸いそれぞれの専門分野で活躍している執筆者の協力を得て本書を完成させることができた。また、企画・編集においては八千代出版の森口恵美子氏と井上貴文氏に大変お世話になった。ここに記して関係諸氏に感謝申し上げる次第である。

　　令和5年7月

　　三浦　正樹

目　次

まえがき　i

第 1 章　教育心理学とは何か …………………………… 1
1　教育心理学の役割　　1
2　教育心理学の歴史　　2
　1）教育心理学の源流（科学的心理学以前）　2
　2）科学的心理学の成立　4　3）教育心理学の揺籃期　5
　4）日本の場合　7
3　教育心理学の位置づけ　　8
4　教育心理学の研究方法　　9
　1）研究法全般について　9　2）資料収集の方法　10
5　新しい動向　　13
　1）学校心理学　13　2）特別支援教育　15

第 2 章　発　達　と　は …………………………… 17
1　発達の定義　　17
2　発達段階と発達課題　　19
3　発達の一般的特徴　　22
　1）生理的早産　22　2）身体の成長過程　22
　3）発達の順序性と方向性　23　4）分化と統合　23　5）個人差　23
4　エリクソンの心理社会的危機　　23
　1）心理社会的危機　23　2）発達段階ごとの心理社会的危機　24
5　ピアジェの認知発達理論　　28
　1）同化と調節　28　2）思考の発達段階　29

第 3 章　遺伝と環境 …………………………… 31
1　遺伝説と環境説　　31
　1）ゲゼルの成熟優位説　31　2）ワトソンの環境優位説　32　3）「遺伝

か環境か」から「遺伝も環境も」へ　33
　2　相互作用説　33
　　　1）シュテルンの輻輳説（ふくそう）　33　2）ジェンセンの環境閾値説　34　3）行動遺伝学　35
　3　臨　界　期　37
　　　1）ローレンツによる臨界期の発見　37　2）ボウルビィの愛着理論　38
　　　3）臨界期・敏感期と早期教育　40
　4　発達と教育　41
　5　現代の教育環境　42

第4章　乳幼児期の発達　……………………………………　45
　1　乳幼児期の概要　45
　2　身体・運動の発達　45
　　　1）身体の発達　45　2）運動の発達　46
　3　脳 の 発 達　48
　4　認知の発達　49
　　　1）感覚の発達　49　2）ピアジェの認知発達　50
　　　3）反抗と自己主張　52
　5　言葉の発達　53
　　　1）言葉が出る前のコミュニケーション　53　2）言葉を用いたコミュニケーション　54
　6　乳幼児期の親子関係　54
　　　1）視覚的絶壁　54　2）アカゲザルの実験　55　3）愛着　56

第5章　児童期の発達　………………………………………　61
　1　児童期の概要　61
　2　身体・運動の発達　61
　　　1）身体の発達　61　2）運動の発達　63
　3　認知の発達　63
　　　1）直観的思考の段階から具体的操作期へ　63　2）思考と言語　66
　4　対人関係の発達　67

1）友だちの選択　67　2）児童期の対人関係の特徴　67　3）ソシオメトリー　68　4）親の学習への関心　69　5）不登校といじめ　71

第6章　青年期の発達　……………………………………………… 77
1　青年期の概要　77
2　身体の発達　78
　　1）第二次性徴　78　2）性行動　79
3　認知の発達　80
　　1）具体的操作期から形式的操作期へ　80　2）第二次反抗期　82
4　アイデンティティ　82
　　1）アイデンティティとモラトリアム　82　2）自我同一性地位　83
5　仕事をすること　85
　　1）青年期の進路　85　2）就職活動　85　3）仕事の形態　86
6　青年期の心理社会的問題　88
　　1）心理社会的不適応　88　2）就労と心理社会的不適応　89

第7章　青年期以降の発達（生涯発達）　………………………… 93
1　生　涯　発　達　93
2　成人期の発達　94
　　1）青年期から成人期への移行　94　2）仕事・結婚・子育て　94　3）成人期以降の知能　97
3　中年期の発達　98
　　1）中年期とは　98　2）中年期における家族　98
　　3）中年期の危機　99
4　老年期の発達　102
　　1）老年期とは　102　2）老年期における社会・健康問題　103　3）よりよく老年期を生きるために　105

第8章　学習とは何か　……………………………………………… 109
1　学　習　と　は　109
2　条　件　づ　け　110

1）古典的条件づけ　　110　2）道具的条件づけ　　111
3　認 知 理 論　　114
4　社会的学習　　115
5　学習の法則　　116
　　1）集中学習と分散学習　　116　2）全習か分習か　　117　3）フィードバック　　117　4）学習曲線　　118　5）学習の転移　　118

第9章　認知心理学（記憶・思考） …………………………… 121
1　知覚の情報処理過程　　121
2　記　　　憶　　122
　　1）記憶の情報処理過程　　122　2）記憶の測定法と忘却　　125
　　3）記憶術　　126　4）メタ認知　　127
3　概　　　念　　127
4　問 題 解 決　　129
5　知　　　能　　132
　　1）知能とは　　132　2）知能検査　　133　3）知能の発達　　134

第10章　学 習 意 欲 ……………………………………………… 137
1　学習意欲とは　　137
2　動機づけとは　　138
　　1）動機づけの過程　　138　2）動機づけの種類　　139
　　3）達成動機　　141　4）ヤーキーズ・ドットソンの法則　　142　5）コンフリクト　　142
3　内発的動機づけ　　143
　　1）動因低減説　　143　2）内発的動機づけ　　143　3）内発的動機づけと報酬　　144
4　学習性無力感　　145
5　原 因 帰 属　　146
6　学習意欲を高めるために　　148
　　1）動機づけが低下している場合　　148　2）発達段階別の視点　　148
　　3）教育場面で　　149

第11章　学習の諸相 ……………………………………… 153
1 **教室場面での学習**　153
　1) PDS サイクル　153　2) 自己学習能力　154　3) 人間関係の中で学ぶ　155
2 **適性処遇交互作用**　156
　1) 適性処遇交互作用とは　156　2) 学習者のタイプ　157
3 **さまざまな学習指導法**　159
　1) 有意味受容学習　159　2) プログラム学習　160
　3) 完全習得学習　161　4) 発見学習　161　5) プロジェクト法　162
　6) オープン・エデュケーション　163　7) 協同学習　163

第12章　特別支援教育 ……………………………………… 167
1 **特別支援教育とは**　167
　1) 障害児者への教育の始まり　167
　2) 特殊教育から特別支援教育へ　168　3) 新しい障害観　ICIDH から ICF へ　171
2 **発 達 障 害**　173
　1) 発達障害とは　173　2) 知的障害　175
　3) 自閉症スペクトラム障害　175　4) 注意欠陥／多動性障害　176
　5) 学習障害　177　6) 発達障害を有する児童の割合　177
3 **発達障害への支援**　178
　1) TEACCH　178　2) 応用行動分析　180　3) 認知行動療法　181
　4) 個のニーズに応じた支援　182
4 **障害とは何かを改めて考える**　183
　1) 社会によって生み出される「障害者」　183　2) インクルーシブ教育システムの構築　184　3) 「特別」でない教育支援へ　185

索　　引　189

第1章 教育心理学とは何か

「生まれたときにわたしたちがもっていなかったもので、大人になって必要となるものは、すべて教育によってあたえられる」

(ルソー『エミール』)

1 教育心理学の役割

　今日、私たちは多岐にわたる教育上の困難に直面している。教育心理学はそういった困難の解決に少しでも役立ちたいと考えている学問の一つである。ここではまず、教育心理学の土台である教育学と心理学についてみた後に、教育心理学が果たす役割について述べることにする。

　教育基本法前文に「個人の尊厳を重んじ、真理と正義を希求し、公共の精神を尊び、豊かな人間性と創造性を備えた人間の育成を期するとともに、伝統を継承し、新しい文化の創造を目指す教育を推進する」とあるように、教育の大きな目的は、一人ひとりの健全な発達を期待しつつその個人の人格の完成を目指すこと、および人類が築いてきた文化遺産を継承し発展させることにある。このような目的を達成するためにさまざまな教育活動が行われているわけであるが、それらは非常に多岐にわたり、複雑な事象となる。広義の教育学はそうした複雑な教育事象を理解するための学問であり、また教育の本質・目的・内容・方法および教育の制度・行政などに関する総合的な学問である。

一方、人間の心や行動も非常に複雑なものなので、それらを対象とする心理学も総合的な学問となる。また、人の心や行動を理解する際、科学的・実証的手法により理解していこうとするところに現代心理学の特徴がある。心理学の目指すところは人間の理解すなわち自己の理解、他者の理解、および人間関係の理解であるが、その際、人は生物学的要因、個人的要因、社会・文化的要因からの影響を受けているという総合的な視点から理解を試みる。心理学の研究領域は多岐にわたるが、日本心理学諸学会連合が主催する心理学検定では10の領域が区分されている（原理・研究法・歴史／学習・認知・知覚／発達・教育／社会・感情・性格／臨床・障害／神経・生理／統計・測定・評価／産業・組織／健康・福祉／犯罪・非行）。これ以外にも例えば、災害心理学、芸術心理学、経営心理学、スポーツ心理学などがあり、心理学の関心領域は非常に広いということが分かる。

　教育心理学は、もちろん教育という営みを対象とした学問ではあるが、教育の諸問題についてとりわけ心理学的に研究し、その研究成果から得られた有益な知見や技術を、教育活動に提供する学問であるといえる。教育心理学には例えば、発達段階ごとの精神機能の特質を明らかにして、学習者である児童・生徒を理解する指針を与える、教育者の働きかけと学習過程の関係を明らかにして、教授方法の改善に役立てるなどの役割がある。なお、アメリカ心理学会は1949年、教育心理学の領域を、①成長と発達、②学習、③人格と適応、④測定と評価の4領域に集約し、現在でもこれらが主要領域として受け入れられている。本教科書では、このうち特に成長と発達および学習を中心として扱う。

2　教育心理学の歴史

1）教育心理学の源流（科学的心理学以前）

　科学的心理学が誕生する前に、教育学者の中でも発達や学習について心理

学的な言及がなされていた。これらは教育心理学の源流といえよう。

　フランスの思想家であるルソー（Rousseau, J. J.）は、人間の子どもが弱い存在として生まれることに教育の可能性を見出し、教育を受けることで子どもたちは人間になるとした。子どもたちを自らの力で未来を創り出す主体ととらえ、また子どもの発達に即した教育的働きかけをしなければならないとした。

　スイスの教育者であるペスタロッチ（Pestalozzi, J. H.）は、フランスの啓蒙主義、特にルソーの影響を受け、農民の学校の経営や新聞の発刊などに従事した。彼は貧困にあえぐ農民の子どもたちを教育によって立ち直らせようと努力した。彼によると、教育の目的は、人間に生まれながらの根本力（人間性）である精神的・道徳的・身体的な能力、すなわち頭と胸と手を調和的に発達させることである。彼は教育の場としての健全な信仰深い農民の家庭、母の愛を重視した。彼による初歩的教授法では、測定（形）、計算（数）、会話（語）の熟練によって子どもの思考能力を形成し、その発達に刺激を与える。そして思考の発達の要求を満たすために感性的・具体的認識を媒介として知識を学習させる直観教授の重要性を指摘した。

　ペスタロッチから影響を受けたドイツの哲学者であるヘルバルト（Herbart, J. F.）は、教育学を体系化した学者として有名であり、教育の目的は倫理学から、教育の方法は心理学から導かれるとした。彼によると教育の方法の一つである教授は、道徳的性格の育成を目的とするが、そのためには知識の習得が正しい意思の育成に結びつかなければならないとした。知識を習得する際には感情と結びつき快感を伴わないといけないので、興味が学習の際の重要な要素となるとした。彼による認識の4段階（明瞭―連合―系統―方法）はその後、5段階の教授法（準備―提示―連合と比較――一般化―実践への適用）へと発展した。

　幼児教育施設（今でいう幼稚園）の創始者で、幼児教育の祖として名高いフレーベル（Fröbel, F.）もペスタロッチの影響を受けた一人である。フレーベルは教育活動の源泉を、子どもの本能的な態度および活動（内発的な自己活

動）に求め、幼児期・児童期・青年期のそれぞれの時期の要求が確実に充足されることにより人は成人できると考えた。遊戯や作業を通じて子どもは相互交流する集団生活に参加していき、それによって子どもの要求に社会的方向づけを与えていくことができるのである。そして遊びの中から幼児の資質を引き出すための教育道具として「恩物」を考案した。

２）科学的心理学の成立

「心理学は長い過去を持っているが、その歴史は短い」といわれるように、人間の心に対しての関心はギリシャ時代の昔からあったが、現代の科学的心理学が成立してからの歴史はそう長くはない。

プラトン（Platon）は心理学について体系的に論じたりはしていないが、彼の霊魂論は、有名なイデア論の一部であって、認識論にもとづいている。アリストテレス（Aristoteles）は、歴史上はじめての心理学書である『霊魂論（デ・アニマ）』を著したが、その中で精神に関する研究に学問上最も高い地位を与え、自説を体系的に述べている。また別の著書では、感覚、記憶、睡眠、夢、若年と老年、生死など個別の問題を論じている。その後、いわゆる中世の暗黒時代を経て、17世紀に入ると近世哲学の祖であるデカルト（Descartes, R.）が現れる。彼は確実な知識に到達するためにまずすべてを疑うことから始めた。しかしすべてを疑った後に、自分が疑っているという事実だけは疑うことはできないとし、「われ思う、ゆえにわれ在り」ということを確実な出発点とした。ここで「思う」とは、「疑い、理解し、肯定し、否定し、欲し、欲せぬ、なおまた想像し、感覚する」すべての意識経験を指す。また、人間は、思惟する点においては精神であり、広がりを持つ身体としては物質であるが、精神と物質は互いに独立したものであるという心身二元論を打ち立てた。デカルトは『情念論』で人間の感情についても論じ、同時期の哲学者スピノザ（Spinoza）もその著書『エチカ』で感情について論じているが、いずれも現代の感情心理学に少なからず影響を及ぼしている。

19世紀は現代科学の基礎が形作られた時代であったが、これらの中には

感覚作用の生理学的研究、光や音に関する物理学的研究、天文学における反応の個人差の研究、精神医学的研究、進化論による発達の説明など、科学的心理学の独立を促した数多くの研究があった。なかでもヘルムホルツ（Helmholtz, H. L. F.）による感覚生理学の研究と『精神物理学』（1860）を著したフェヒナー（Fechner, G. T.）による研究は、実質的には実験心理学であり、科学的心理学の前身といえるが、一般的に心理学が科学としてのあゆみを始めたのはヴント（Wundt, W.）が1879年にライプチヒ大学に心理学実験室を創設してからのこととされる。そこに世界各国から多くの心理学者が集まり、実験を伴う科学としての心理学が普及していった。心理学はその後、ゲシュタルト心理学、行動主義心理学、新行動主義心理学と科学的路線を継承しながら発展していった。

3）教育心理学の揺籃期

ヴントの研究室で学んだドイツのモイマン（Meumann, E.）は、1907年から1908年にかけて全3巻からなる『実験教育学入門講義』を著した。その内容は、児童の身体的、精神的発達、青年の精神能力の発達、記憶の発達、表象過程と言語、感情と意思の発達、学童の個人差、科学的才能理論、授業科目の教授法などであり、方法も実験的方法によっている。タイトルこそ『実験教育学入門講義』であるが、その内容と方法はほぼ教育心理学そのものといっていいだろう。

　教育心理学はヨーロッパというよりアメリカで花開いた。意識心理学を唱えたことで有名なジェームズ（James, W.）は、獲得された習慣が社会で自由に生きるための「羽」であるとした。われわれが社会で安定して仕事をこなすことができるのはそうした習慣があるからであり、その習慣は発達の初期段階で獲得されるとした。彼は、教育が社会における最も重要な要因であると考え、知的な環境を提供することの重要性を訴えた。ジェームズはアメリカの教師を対象とした講演を数多く行ったが、その講演は『心理学における教師との対話』（1899）としてまとめられている。ジェームズの弟子であるホ

ール (Hall, G. S.) は、アメリカ心理学会を組織し、その初代会長となった人物であるが、ジョンズ・ホプキンズ大学にアメリカで最初の心理学実験室を創設したことでも知られている。児童心理学、青年心理学、老年心理学の研究を広範かつ組織的に行っているが、それらはいずれも教育と結びついたものであった。ホールはさまざまな側面での創始者であるばかりでなく、優れた教育者でもあった。彼のもとで学んだ弟子たちが一般心理学や教育心理学、発達心理学などをさらに発展させていった。デューイ (Dewey, J.) は教育学者としての側面が強いが、彼もホールのもとで学んだ一人である。彼は知的な問題解決が重要であると考え、そのために適切な材料や方法を選択することの重要性、そうした材料や方法をいかに適用するかを学ぶことの重要性を強調した。しかし子どものモチベーションや問題解決といったテーマは当時の心理学の関心外であり、心理学者よりも教育学者に支持されることとなった。ソーンダイク (Thorndike, E. L.) は、ジェームズの指導を受けた一人である。彼は1903年に『教育心理学』を著し、1913年から14年にかけて全3巻からなる改訂版『教育心理学』を著している。当初は犬や猫などの動物による学習実験を行い、「動物の知能：動物における連合過程の実験的研究」により学位を得ている（1898）。動物たちは、学習過程のはじめにはさまざまな行動を行い、時には成功し、時には失敗する（試行錯誤）。これを繰り返すうちに、成功した場合は満足しその行動を強め、失敗の場合は不満足を生じその行動を弱めるという効果の法則を提唱した。その後、教室での授業改善と生徒の学習結果の測定に関心を移し、さまざまな教育心理学的業績をあげている（学習心理学の成果を算数学習に応用したドリルの作成〔1917〕、使用頻度の高い単語を調査してまとめ、教師用の単語本の作成〔1921〕、読み能力の測定尺度の作成〔1921〕、算数の心理学の出版〔1922〕など）。

　その他、教育心理学に影響を与えた人物としてイギリスのゴールトン (Galton, F.) があげられる。彼は遺伝の研究 (1869) から出発して、個人差の研究、人間の能力の測定、統計的方法の研究を行った。フランスのビネー (Binet, A.) は、1905年パリの教育当局の依頼により知能を測定する検査を開

発したが、これが今日教育心理学の場で普及している知能検査の最初のものとされている。ドイツのシュテルン（Stern, W.）も多方面で研究した心理学者であるが、特に教育心理学に関連するものをあげれば、知能指数の概念の考案、発達における輻輳説（発達は遺伝と環境の2つの要因が人の中に統一された結果であるとする）の提唱などがある。

4）日本の場合

　明治時代の1872（明治5）年、学制が制定され、1877（明治10）年には師範学校で心理学が授業として教えられ始めた。この時の心理学は科学的心理学ではなかったが、学習者の心理、感覚・知覚や感情についての理解を目指していた。1892（明治25）年、当時の文部省からの通達により、心理学は師範学校の教科の中に正式に位置づけられたが、教職課程希望者が心理学を学ばなければならないという基本図式は現在まで継続している。

　大正時代に入ると教育測定や教育相談も活発に行われるようになった。教育測定としてはビネーによる知能検査が日本に導入され、日本版の標準化が行われた。教育相談に関しては、1917（大正6）年に児童教養研究所が児童相談所を設立するなど各地で相談所が作られていった。特に久保良英が広島高等師範学校に児童研究所を設けるなど、わが国の児童研究を先導した。なお、この頃の学説としてはモイマンやソーンダイクのものが入ってきている。

　わが国の教育心理学は主としてアメリカとドイツの影響を受けて発展してきたが、第二次世界大戦以降は、特にアメリカの影響が大きかった。1949（昭和24）年に「教育職員免許法」が施行され、1953（昭和28）年には新制大学が発足し、各都道府県に教員養成を行う大学が設置され、それとともに教育心理学が必須の科目となった。ちなみに戦後すぐに、玉岡忍『教育心理学』（1948）、正木正『教育心理の基本問題』（1950）、依田新編『教育心理学』（1950）などが出版されており、わが国の復興への息吹が感じられる。その後、学問の発展や研究者の増加とともに、1952（昭和27）年、日本教育心理学協会が設立され、さらに1959（昭和34）年には協会が組織替えされ、日本教育

心理学会が発足した。学会は年次総会を開催し、また専門的機関誌として『教育心理学研究』を発刊し、日本の教育心理学研究の中心として活発な活動を続け現在に至っている。

3　教育心理学の位置づけ

　第1節で述べたように、心理学は「人間の心や行動を科学的に解明しようとする学問」であり、これを「教育場面における」と限定すれば、教育心理学を定義できるように思われる。しかしながら、教育心理学はこの定義だけではいいつくせない学問的性格を有している。

　教育心理学を学問的に位置づけると、「一般心理学に対しては特殊部門を構成する心理学の一分野と位置づけられていると同時に、教育社会学などと隣接する、教育科学の一分野ともみなされている」（倉石・苧阪・梅本）。このことは教育心理学は教育学でもあり心理学でもあるという二面性を有していることを意味する。二面性を有しているということは、この学問は教育に資するための学問であることに変わりはないものの、研究者の立場によりいくらかその目指すところが異なってくるということである。心理学に重きを置けば実証性を優先した理論志向となり、研究が教育現場から乖離してしまうかもしれない。一方、教育現場に重きを置けば、目の前の問題を解決することが優先され、理論志向ではなく実践志向となる。このように教育心理学という学問の基本的性格については長い間議論がなされてきたが、ここでは学問の独自性という視点からこの問題についてみてみたい。

　教育学に対する教育心理学の独自性は何だろうか。教育学と一口にいっても、教育の本質とは何かと問う教育学をはじめとして、教育史、比較教育学、教育課程論、教育社会学、教育行政学、教育制度論、教職論、学校教育論、生徒指導論などさまざまなものがある。これらの分野に対して教育心理学が有する独自性は、教育効果を科学的・実証的に検証しようとする点にある。次節の方法論で述べるように教育心理学は、問題を文献研究や議論のみで解

決しようとするのではなく、実際に何らかのデータをとることにより解決の手がかりを得ようとする。この実証性を重視するということが他の教育学にはない教育心理学の独自性といえるのではないだろうか。

　心理学に対する教育心理学の独自性は何だろうか。それは教育は価値観と切り離せないという点にある。教育には「何を」教えるのかという教育目標がある。しかし教育目標は、時代、地域、社会・文化により大きく異なる。戦前の日本と、現在の日本では教育目標が大きく異なる。180度の転換といっていいかもしれない。現在の日本においてもさまざまな教育目標が唱えられ、場合によっては正反対の主張がなされることもある。教育に関わる限り、教育目標の適切さを評価したり、ある教育の是非を論じるといった価値的な視点から逃れられない。この価値と関わるという点が他の心理学分野にはない、教育心理学独自の性格といえるだろう。

　ただし、心理学において価値と関わるということは非常に難しい問題を内包している。前述したように教育目標は時代や立場によって変遷するものだし、教育心理学の立場自体も新しい学問的要請により発展し同じところにとどまらないからである。たとえ没価値を志向する心理学の立場に立ったとしても、それ自体一つの価値観を有しているともいえる。ただ、ここで重要なことは、教育心理学を研究する者あるいは教職を志す者は、それぞれがこのような学問的性格をよく理解し、このような問題があることを常に考えていくことであろう。教育心理学は、それぞれの持つ教育観、発達観、人間観と深く関わる学問であるからである。

4　教育心理学の研究方法

1）研究法全般について

　研究に当たってはまず、解明しようとするテーマについての文献研究を行う必要がある。文献研究には、そのテーマがどのように研究されてきたかを

まとめ、何がどこまで分かっているかを整理する歴史的研究と、異なる条件下で行われた研究や対立する立場から行われた研究結果を比べる比較的研究がある。どのようなテーマであれ、そのテーマに関心を持って研究した先人の業績がある。結果が出た後で、同じようなテーマの研究がすでに発表されていたことを指摘される、といったことがないようにしたい。しかしながらテーマも条件も完全に一致した先行研究がなされていることはまれであるから、先行研究をまとめた後には、それをもとに新たに自分なりの仮説を立て、研究計画を練っていかなければならない。なお、類似した研究方法として、有識者に意見を求めてまとめる方法がある。教育心理学の場合、豊富な経験を持つ教師から、文献にはなっていないものの、貴重な意見を聞き出してまとめるというのは有益な方法であろう。

　教育心理学で行われる科学的方法は、科学一般に共通する方法論的原則にもとづくものである。科学的方法では、研究者の主観をできるだけ排した客観性と検証可能性が求められる。検証可能性とは同一条件のもとで同じ手続きで実験を行えば、誰がやっても同じ結果が得られることが保証されているということである。これによって、事実を一般化し、原理・原則や法則を打ち立て、真実を解明していこうとする方法である。ただし、教育現場では単に仮説検証のためだけに実験を行うのは困難で、たとえできたとしても厳密な条件統制は難しいのが現状である。

　したがって教育場面では後に述べるような実践的な研究や事例研究などの個別的な研究が用いられることが多い。なお、歴史的・一回的事象を個別的に把握しようとする研究を個性記述的研究、一般的・普遍的な特性あるいは関係を把握しようとする研究を法則定立的研究という。

2）資料収集の方法

　教育心理学が対象とするのは幼児・児童・生徒などの個人あるいは集団の行動である。ここで行動というのは、思考や言語、感情あるいは生理的反応まで含む広い意味での行動である。また、行動の結果作り出された作文や絵

画などの作品、日記、自叙伝なども含む。なお、以下の分類の仕方は便宜的なもので、より大きなあるいは細かい区分にすることも可能である。また、例えば事例研究には面接や検査が含まれるといったように、それぞれの方法は相互に関連している。

(1) 観 察 法

科学的研究においては、研究対象をよく観察することが基本となる。教育においても、例えば先輩教師の授業を観察し、そこから有益な情報を得るというようなことを考えると重要な方法である。観察法にはありのままの状態をみる自然的観察法、ある条件を作り出して観察する実験的観察法、自らが参加しながら観察する参与観察法がある。また現象の選択の仕方によって、事象見本法（特定の行動に注目して観察・記録する）と時間見本法（一定の時間単位で行動を観察・記録する）がある。いずれも、目的意識を持つこと、視点を定めること、組織だった観察を行うことが求められる。

(2) 実 験 法

対象に統制された一定の条件を与え、その条件下での反応を測定する方法である。意図的・人為的に設定した条件下での観察ともいえる。

実験法では、特定の条件を与える実験群と、別の条件あるいは何も条件を与えない統制群を比較することにより、条件の効果をみて、仮説を検証する。厳密には検証したい条件以外の条件は等質にするのが望ましいが、教育場面では難しい場合が多い。日常生活に近い場面で、一部の条件だけ統制して行う実験を準実験とよぶ。

実験法の説明として英単語の記憶実験を紹介しよう（黒沢：大村）。英単語を憶える時には語源から憶える方がよいとよくいわれる。

語源による記憶方法が有効であるという学習経験則は本当かどうか検証してみようというのが実験目的である。条件は３つあり、語源条件ではその語源の説明がどれくらい納得できるかを評定させた。イメージ生成条件では単語のイメージのしやすさを評定させた。頻度判断条件では出現頻度について評定させた。評定の後、単語の訳語を再生させた。その結果、語源条件の方

が、他の2群より再生成績がよいことが分かった。なお、既有知識の得点には差がないことが分かっている。教育心理学の知見では、新しい知識を憶える時には既有知識と関連づけ、意味づけることが大切で、そのような深い処理をした方が記憶の定着度合いがよいことが分かっている。語源までさかのぼって憶えるという記憶方法は認知的に深い処理をしているためこのような結果となったと説明される。このように条件設定をし、実験を行い、データを分析して条件の効果をみるというのが実験法である。また、このようにして得られた知見を実際の学習場面や語学教育に提供していくのである。

(3) 調査法

ここでいう調査法とは、質問紙法、評定法、テスト（検査）法、面接法などを含む広い意味のもので、対象とするデータを組織的・計画的に収集しようとする方法である。質問紙法は、質問を用紙の上に示して対象者本人に回答してもらうもので、評定法はあらかじめ決められた評定項目ごとに対象者を評定するものである。テスト（検査）法には、学力検査、知能検査、性格検査、適性検査などがある。学力検査には標準化されたテストと教師自作のテストがある。標準化とは、テストの平均値や標準偏差が明確に示され、信頼性や妥当性が保証されるように、厳密な手続きを経てテストを開発する作業である。知能検査と性格検査も標準化されていなければならない。いずれも個別で行う方法と、集団で行う方法がある。面接法は口頭により対面で行うもので、児童・生徒の生活実態、交友関係、希望進路、などを把握できる。なお、悩みなどの内面関係を把握するには児童・生徒との信頼関係（ラポール）ができていなければならない。

(4) 事例研究法

事例研究（ケース・スタディ）とは、特定の事例について多面的に分析し、系統的総合的に対象となる個人を把握して、その人の問題解決のための具体的支援方法を考えようとする臨床的方法である。例えば個人の生育歴、家庭環境、地域環境、学校環境、学業成績、性格、友人関係などについて実態の把握と分析を行う。個々の事例の積み重ねによって一般的な経験則が築かれ

ていくことが期待される。

(5) 実践研究

教育活動や学習活動は、願望や興味、態度、地位、役割、愛憎を持った主体同士が相互交流する複雑な人間関係（児童・生徒同士の関係、児童・生徒と教師の関係）のもとで行われる実践行為（action）そのものである。実践研究の一つであるアクションリサーチはこうした実践行為を研究対象とし、教育活動を改善するための実践を導き出すことを目的に、研究と実践を交互循環的に行う方法である。アクションリサーチは、事実の分析、目標と仮説の設定、実践計画と実践、結果の測定と評価、再計画と再実施、仮説の効用と限界の確認、という流れで行われる。実践の結果が研究にフィードバックされ、研究の結果が実践に組み込まれるといったらせん的進展が、教育に寄与する。

授業活動を客観的に記録して、分析し、授業の実践過程を明確にし、その過程の各々の構成条件の改善を目指すという授業分析はアクションリサーチの代表的なものである。

(6) 統計の必要性

さまざまなデータが収集された後では、データをまとめる作業が必要になる。科学的方法ではデータを分類し数量化を行う。数量化が困難な場合は質的な分析を行う。数量化されたデータは統計的処理が行われる。統計には、集団全体の平均や、標準偏差、相関係数などを求める記述統計と、標本から母集団のデータを推測する推測統計がある。因子分析などの多変量解析もよく行われる。いずれにしても収集されたデータをまとめ、分析し、考察がなされてはじめて一つの実証研究となる。

5 新しい動向

1）学校心理学

教育は、家庭教育、幼児教育、児童教育、社会教育、生涯教育など至ると

ころで行われているのであって、学校だけが教育の場ではない。しかしながら、特に児童・生徒に対する教育は学校という場で行われているのが大部分である。これまで教育心理学の中で学校教育に対しての関心がなかったわけではないが、ややもすると教育全般の法則を見出そうとするあまり学校という場が具体的にイメージできていなかった感があるのは否めない。最近、学校を対象とした学校心理学を推進しようとする気運が高まっている。ここでは、新しい動向として学校心理学とはどのような学問かみてみたい。

　今日の学校には、学業不振、学習障害、仲間はずれ、学級不適応、不登校、いじめ、暴力行為、非行などの問題が山積している。子どもたちも意欲喪失、自尊心の低下、生きる力の不足、コミュニケーション能力不足などが指摘されている。このような問題を背景として登場してきた学校心理学とは、「学校教育において児童・生徒が学習・発達面、人格・社会面、進路面において出会う問題を解決し、成長することを促進する心理教育的援助サービスの理論と実践を支える学問体系である」と定義されている（「学校心理士」認定運営機構）。心理教育的援助サービスとは、特別な援助ニーズを持つ子どもを対象とした活動だけでなく、すべての子どもを対象とした活動であること、その専門家は教師や保護者と連携して行う活動であることが強調されている。学校心理学には、①科学的な研究や思想に支えられた心理学および教育学の理論、②学校教育における心理教育的援助の理論と方法、③学校教育現場の中での具体的実践という3つの側面があり、それらが一体となって構成される総括的な学問体系である。

　これまで述べてきたように、心理学は実験や調査によってデータを収集し、得られたデータを分析し、考察して、誰もが納得する説明を行うことを目標としてきた。教育心理学も、教育場面にそのような心理学的アプローチを適用することによって、教育現象を解明し、教育に資するような知見を提供することを目標とし、事実として数多くの有益な理論を打ち立ててきた。しかし、この理論を実際に教育現場に持っていった時に、理論としてはよく分かるが、教育実践への具体性がないと批判されることが多かった。例えば、学

業不振児を対象として種々のデータを集めて因子分析を行い、学業不振の原因を明らかにするというのは充分に教育心理学的な研究であるが、研究はここで終わってしまい、その原因によって学習不振に陥っている児童にどう手をさしのべるかまでは意識が及ばなかった。対して、学校心理学では具体的支援方法まで考えるのである。しかし、学校心理学は教育心理学を否定するものではない。むしろ今までの教育心理学で得られた理論をもとにして、その上に立って児童・生徒を理解し、援助しようとするものである。

　学校は児童・生徒と教師を中心に、教育という人間的営みが行われる場である。児童・生徒は現在をよりよく生きたいと考えているだろうし、より望ましい未来に向けてより多くのことを学びたいと考えているだろう。教師は児童・生徒の健全な発達を促し、児童・生徒の可能性をできる限り引き出し、そのような児童・生徒の期待が実現するよう、児童・生徒を教育する責任と役割を担っている。学校心理学はこのような学校教育を支える学問である。

2）特別支援教育

　教育心理学に関係した、新しい動向として特別支援教育の開始（2007〔平成19〕年）がある。1998（平成10）年、「小学校及び中学校の教諭の普通免許状授与に係る教育職員免許法の特例等に関する法律」により教員免許をとろうとする者には介護等体験が義務化され、障害者、高齢者等に対する介護、介助、交流体験が必要となった。教職に関する科目でも、従来の「幼児・児童及び生徒の心身の発達及び学習の過程に関する科目」の中に、「障害のある幼児・児童及び生徒の心身の発達及び学習の過程」を含むことが明記された。文科省の調査（2012〔平成24〕年）によれば、通常学級で発達障害を疑われる児童・生徒の割合は6.5％に上るという。「障害児教育は教育の原点である」といわれるように、教職を志す者は特別支援教育についてよく知っておく必要があるが、その際、教育心理学の知識が役立つであろう（特別支援教育について詳しくは第12章参照）。

【引用・参考文献】
大村彰道編著（2000）『教育心理学研究の技法』福村出版
「学校心理士」認定運営機構監修（2004）『学校心理士と学校心理学』北大路書房
倉石精一・苧阪良二・梅本堯夫（1978）『教育心理学』新曜社
黒沢学（1999）「訳語間の派生関係について推論を求める教示が外国語語彙の獲得に及ぼす影響」『教育心理学研究』47巻、364-373頁
塩見邦雄編（1984）『教育心理学［第2版］』ナカニシヤ出版
高嶋正士・藤田圭一編（1996）『発達と教育の心理学』福村出版
滝沢武久編著（2003）『はじめての教育心理学』八千代出版
日本教育心理学会編（2003）『教育心理学ハンドブック』有斐閣
肥田野直編（1984）『教育心理学の展開』北樹出版
ルソー　今野一雄訳（1962）『エミール（上）』岩波書店

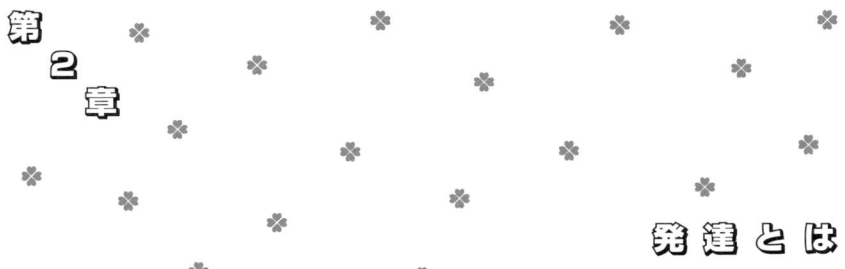

第2章　発達とは

　「子どもの発達は早い」とか「他人の子の発達は早い」といった言葉を聞いたりいわれたりしたことはないだろうか。発達（development）という言葉は日常でも使われる言葉であるが、心理学の中ではどのように扱われているのだろうか。この章では、心理学の分野において発達がどのように定義され、どのような発達の理論が考え出されてきたのかについてみていきたい。

1　発達の定義

　心理学の分野において、発達を体系的に研究しまとめたパイオニア的人物としてピアジェ（Piaget, J.）をあげることができる。彼は、自分の子どもをはじめとする複数の子どもを対象に実験的な観察を行い、その結果をもとに、子どもたちがどのように世界を認識し、複雑な思考を可能にしていくのかという認知機能の発達についてまとめている。それまでの心理学が大人を対象として、いわば完成された心理状態を研究していたのに対して、完成途上の子どもたちの認知機能はどのように変化していくのかに焦点を当てたのである。そのため、当初の発達心理学は、この世に生まれた子どもが大人になるところまでの過程を扱うものだった。大人になった後は、変化がないと思われていたのである。しかしその後、発達研究が進むに連れて、大人になっても私たちの変化は続くことが注目されるようになり、大人になり社会の第一線で活躍し、現場を離れ、第2の人生をすごし、そして死を迎えるその時ま

で私たちは発達し続けるという考え方が主流になったのである。

　ここでは、今の発達心理学の考えにのっとり、「発達とは、受精から死に至るまでの心身の質的および量的変化である」と定義する。

　この定義のポイントは以下の3点である。まず1点目は、すでに述べたように、発達とは人の一生涯にわたって続くという「生涯発達」の考え方である。私たちの発達的変化は、死ぬ時まで続くのである。

　ポイントの2点目は、心と身体の両面の変化が発達には含まれるということである。私たちの心と身体は密接に関連しており、思春期の前後で心身ともに大きな変化を遂げるように、身体面の発達によって心理面の発達が促されるということもあるし、一方で、虐待事例にみられるような心理面の抑圧が身体面の発達を抑制するといった現象もみられる。つまり心の変化と身体の変化を明確に分けることは難しく、またそれぞれを独立に扱うことは発達の本質を見失うことにもなるのである。

　発達と似た言葉に「成長（growth）」という言葉がある。日常的にはほぼ同じ意味の言葉として使われることも多いが、主として成長は身体面の変化を表す際に用いられ、発達は心と身体の両方の変化を表す際に用いられる。

　ポイントの3点目は、質と量の両面の変化を指すということである。身体面の量的な変化としては年齢に伴って身長がどんどん伸びることが例としてあげられる。心理面の量的な変化としては一度に覚えることができる量（記憶容量）が年齢に伴って増えるといったことをあげることができるだろう。質的な変化の例としては、身体面では第二次性徴がその典型としてあげられる。一方、心の面ではものの見方や考え方の変化をあげることができる。例えば、あなたは小さい時に親から「もう早く寝なさい」とワクワクと楽しい時間を切り上げられた経験はないだろうか。どうしても欲しかったおもちゃが「似たようなのを持っているでしょ」と買ってもらえなかった記憶はないだろうか。そういった時に「大人はいいな」「早く、大人になりたい」と思ったのではないだろうか。では、「今からもう大人だよ」といわれて諸手をあげて喜ぶ人はどれだけいるだろう。すでに半分は大人あるいは自分はもう

十分に大人であるという年齢になってみたら、「大人ってよいことばかりじゃないよ」という気持ちも生じているのではないだろうか。これは単に年齢があがったからというよりも子どもと大人では同じものを違ってみているということなのである。

こうしてみてみると、発達とはかなり広い概念であり、私たちの一生についてまわるものと考えることができるだろう。

2　発達段階と発達課題

私たち一人ひとりの生涯にわたる発達的変化は連続的なものである。ゲームでステージをクリアするように、あるいはサナギから蝶に変わるように一夜にして劇的な変化を遂げる人はいないだろう。しかし、自分の生まれてから現在までを振り返ってみると、いくつかの発達の節目があり、その前後で大きく変化していることに改めて気づくのではないだろうか。

人間の一生を俯瞰してみた時に分けることのできる、いくつかの特徴のある時期を発達段階（developmental stage）とよぶ。この区分の仕方は、例えば医学では18歳未満を小児、それ以上を成人と大きく分けるように、絶対的な決まりがあるわけではない。専門の分野によっても異なるが、心理学では、心理面および社会面の変化に注目して、胎生期（出生前）・乳児期（生後1歳半頃まで）・幼児期（就学前）・児童期（学童期）・青年期（20代半ばまたは30代頃まで）・成人期（65歳まで）・老年期（65歳以降）という7段階に分けてとらえることが多いようである。

それぞれの発達段階において、その時期に解決するべき課題があるとして、発達課題（developmental task）という考えを提唱したのはハヴィガースト（Havighurst, R. J.）である。ハヴィガーストは発達を幼児期・児童期・青年期・壮年期および老年期の5つに大きく分け、それぞれの時期における発達課題について考察している（図表2-1）。

ハヴィガーストの考えた発達課題は、社会に適応して生きていくために身

図表 2-1　ハヴィガーストによる発達課題（ハヴィガースト、1958 より作成）

幼児期	1	歩行の学習	壮年初期	1	配偶者を選ぶこと
	2	固形の食物をとることの学習		2	配偶者との生活を学ぶこと
	3	話すことの学習		3	第一子を家族に加えること
	4	排泄の仕方を学ぶこと		4	子どもを育てること
	5	性の相違を知り性に対する慎みを学ぶこと		5	家庭を管理すること
	6	生理的安定を得ること		6	職業に就くこと
	7	社会や事物についての単純な概念を形成すること		7	市民的責任を負うこと
	8	両親や兄弟姉妹や他人と情緒的に結びつくこと		8	適した社会集団をみつけること
	9	善悪を区別することの学習と良心を発達させること			
児童期	1	普通の遊戯に必要な身体的技能の学習	壮年中期	1	大人としての市民的・社会的責任を達成すること
	2	成長する生活体としての自己に対する健全な態度を養うこと		2	一定の経済的生活水準を築き、それを維持すること
	3	友達と仲よくすること		3	10代の子どもたちが信頼できる幸福な大人になれるよう助けること
	4	男子として、また女子としての社会的役割を学ぶこと		4	大人の余暇活動を充実すること
	5	読み・書き・計算の基礎的能力を発達させること		5	自分と配偶者が人間として結びつくこと
	6	日常生活に必要な概念を発達させること		6	中年期の生理的変化を受け入れ、それに適応すること
	7	良心・道徳性・価値判断の尺度を発達させること		7	年老いた両親に適応すること
	8	人格の独立性を達成すること			
	9	社会の諸機関や諸集団に対する社会的態度を発達させること			
青年期	1	同年齢の男女との洗練された新しい交際を学ぶこと	老年期	1	肉体的な力と健康の衰退に適応すること
	2	男性として、また女性としての社会的役割を学ぶこと		2	隠退と収入の減少に適応すること
	3	自分の身体の構造を理解し、身体を有効に使うこと		3	配偶者の死に適応すること
	4	両親や他の大人から情緒的に独立すること		4	自分の年頃の人々と明るい親密な関係を結ぶこと
	5	経済的な自立について自信を持つこと		5	社会的・市民的義務を引き受けること
	6	職業を選択し準備すること		6	肉体的な生活を満足に送れるように準備すること
	7	結婚と家庭生活の準備をすること			
	8	市民として必要な知識と態度を発達させること			
	9	社会的に責任のある行動を求め、そしてそれをなしとげること			
	10	行動の指針としての価値や倫理の体系を学ぶこと			

第2章 発達とは

につけておくことが望ましい課題が中心となっている。例えば幼児期においては、排泄の自立や自分で食物をとること、言葉を使って他者とコミュニケーションをとることなどがあげられている。

20世紀半ばに、生涯発達の考えをもとに老年期までの発達課題を考えたことは、この時代としては新しい観点であった。しかし、幼児期および児童期の発達課題については詳しく考察されている一方で、壮年期（成人期以降）についての考察はそれぞれ短くまとめられているだけであり、その主眼は子どもが大人になるところまでにあったようである。

また、発達の初期段階は、乳児の発達の頑健性にも現れているように、遺伝によって既定されている部分も多く、文化や時代背景の影響はそれほど大きくないと考えられる。そのため、乳幼児期の発達課題は、時代の移り変わりによる変化は小さい。一方で青年期以降の発達課題については、どのような生き方が望ましいのかといった価値観が関係してくるため、時代背景によって内容が異なってくると予想される。

榎本は、今の日本における成人期の発達課題について検討している。そこでは成人を対象に郵送調査を行い、青年期以降の発達段階を青年期（10代～20代）、成人前期（30代～40代）、成人後期（50代～65歳未満）、老年期（65歳以上）の4段階に分け、それぞれの段階において、自分にとってどの程度重要であったか（またはこれから経験する発達段階において重要になると思うか）を問うている。その結果、「配偶者との関わり」「健康・体力」「親子の関わり」の3項目は、男女ともに成人期を通して重要とされていること、これらがハヴィガーストの発達課題と対応していることを見出した。その上で、どの発達段階でどの発達課題が重要になるのかについては、評定者自身が今現在を生きている発達段階によって変化するものであるとし、発達課題を発達段階ごとに配することの難しさについて言及している。また、個人の経験によっても発達課題が変化する可能性についても示唆している。

3 発達の一般的特徴

ここまで、発達の定義、発達段階、発達課題についてみてきた。この節では発達の一般的特徴について具体的に述べる。

1) 生理的早産

ウマやウシは、妊娠期間が比較的長く生まれてからすぐに自力で立ちあがることができるので、離巣性の動物といわれている。ヒトの場合は離巣性の動物との共通点が多いが、赤ちゃんはすぐに歩行することはできない。ヒトが仮に12カ月母親の胎内で成熟すれば、離巣性の動物のように自立歩行が可能な状態で誕生すると考え、ポルトマン（Portmann, A.）は「ヒトは生理的早産の状態で生まれる」と指摘した。ヒトは誕生当初は自力歩行もできない無力な状態であるため、他者の助けが必要となる。ワロン（Wallon, H.）は新生児期は「生理的共生」の状態、続く3カ月からは「情緒的共生」の状態であるとした。

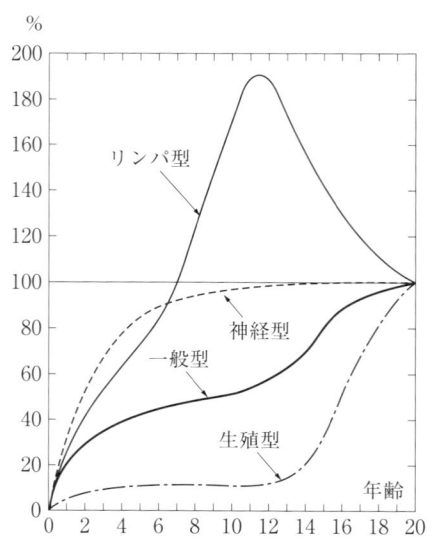

注）縦軸は20歳を100％とした場合のパーセント値
図表2-2　スキャモンの成長曲線（Scammon, 1930）

2) 身体の成長過程

人間の身体は同じような速さで成長するのではなく、各器官が異なった速度で成長する。スキャモン（Scammon, R. E.）は成人の重量を100％とし

て、リンパ型、神経型、一般型、生殖型のそれぞれの成長曲線を示している（図表2-2）。

3）発達の順序性と方向性

　発達には一定の順序性がある。「はえば立て、立てば歩めの親心」といわれるように、赤ちゃんははいはい、つかまり立ち、独り歩きという順序で歩行が可能になる。また、新生児の体型は頭が大きい4頭身であるが、2歳児では5頭身、成人では8頭身前後となるように、成長には頭部の方が早く発達するという「頭部から脚部へ」という方向性がある。さらに、腕の大きな運動（粗大運動）から、次第に手首、手指などの細かい運動（微細運動）が可能になるといった「中心部から周辺部へ」という方向性もある。

4）分化と統合

　人間の発達では、当初未分化で混沌としていたものが、次第に分化し、分化したものが、発達とともに再統合されていく。ウェルナー（Werner, H.）は精神発達の本質は心的現象や機能が分化し、統合することであるとしている。

5）個　人　差

　子育ての場面、教育の場面でみられるように発達には個人差がある。教科書に示されている発達はあくまでも平均の姿である。親や教師はそのことをよくわきまえる必要がある。

4　エリクソンの心理社会的危機

1）心理社会的危機

　エリクソン（Erikson, E. H.）は、自我の発達に注目して、私たち一人ひとりが活き活きと自分の人生を生きるにはどのような発達課題を解決していくこ

とが望ましいのかを考えた。自我とは、「私とは何か」といった意識のことであり、生まれた時には私たちの中に自我は存在しないが、発達とともに、周囲との関わりを通して育まれるものである。エリクソンは発達段階ごとに心理社会的危機（developmental crisis）というものを想定し、発達課題の解決を通して危機を成功裡に解消することで、健全な自我が発達すると考えた。

心理社会的危機とは、ある発達段階において個人が求めるものと周囲の人がその時期のその人物に対して求めるものとの間で葛藤が生じ、その結果引き起こされる心理的緊張状態のことである。例えば、大学生ともなれば、周囲からは大人としての振る舞いが期待される。しかし、社会に出る前にもう少し遊んでいたい。バイトもして、いろいろな経験をしてみたいという気持ちの人も多いだろう。それなのに周囲は、もう大人なのだから遊んでばかりいないでもっと将来のことを考えなさいと、自分がしたいこととは逆のことを要求してくるのである。この時の心の状態が心理社会的危機を経験している状態といえる。

心理社会的危機は、「危機の解消に成功した状態」vs.「危機の解消に失敗した状態」という形で示される。それぞれの発達段階において、危機を経験し、自我の発達に関連する発達課題を解消することによって、結果として心理社会的危機が成功裡に解消されると考えたのである。

2）発達段階ごとの心理社会的危機

エリクソンの心理社会的危機を発達段階ごとにまとめると図表2-3のようになる。

エリクソンが活躍した時代には、胎児の発達の特徴が今ほどよく分かっていなかったこともあり、エリクソンが考える発達段階は乳児期から始まっている。乳児期の心理社会的危機である基本的信頼感とは、乳児の「お腹が空いた」「オムツがぬれて不快だ」「温かくてやわらかい手に抱かれたい」といった生理的欲求や心理的欲求が養育者によってタイミングよく満たされ、自分が生まれてきたこの世界に対する全幅の信頼感が得られた時に確立するも

図表2-3 エリクソンの心理社会的危機（ニューマン・ニューマン、1988より作成）

発達段階	心理社会的危機	中心的過程	危機の解消に重要なのは
乳児期	基本的信頼感の確立 vs. 基本的不信感の確立	養育者との相互性	安定した愛着の形成
幼児期（前期）	自律性 vs. 恥・疑惑	模倣	身辺自立に伴う有能感の発達
幼児期（後期）	積極性 vs. 罪悪感	同一視	外在化された善悪判断の獲得
児童期	勤勉性 vs. 劣等感	教育	学校教育
青年期	自我同一性の確立 vs. 自我同一性の拡散	仲間の圧力と役割実験	モラトリアム
成人期（前期）	親密性 vs. 孤立	仲間との相互性	就職・結婚によるライフスタイルの確立
成人期（中期）	生殖性 vs. 停滞	人と環境との相互性	次世代を見据えた心理的成長
老年期	統合 vs. 絶望	内省	エイジズム

のである。重要な発達課題は身近な特定の人物との間に安定した関係性が形成されることである。これをボウルビィ（Bowlby, J. M.）は愛着（attachment）と名づけた。乳児は、これを成し遂げるために、かわいらしい外見で生まれ、親の語りかけに同期する反応を返し、親の微笑には微笑みで返すといった模倣反応を示すことで、自分から親の養育行動を積極的に引き出している。

乳児のかわいらしい外見が親の養育行動を引き出すのに一役買っていることに注目したのは、動物行動学者のローレンツ（Lorenz, K）である。彼は、大きな目や短くて

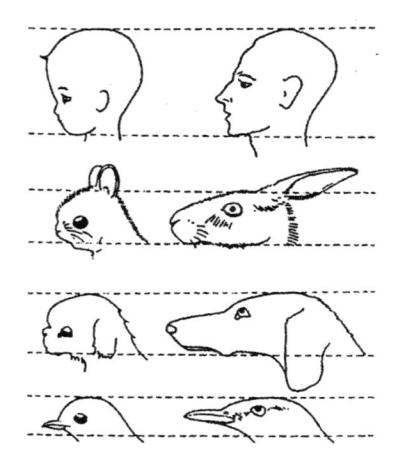

図表2-4 ベビースキーマ（Lorenz, 1970）

太い四肢などの乳児に特徴的な外見をベビースキーマ（baby shema：幼児図式）と名づけ、これらの外見が刺激となって成体の養育行動が生じると考えた（図表2-4）。

　幼児期になると親の躾の開始に伴って、自分と親とが異なる欲求を持つ存在であることに気がつくようになる。その結果、自分の欲求を何とかして通そうと激しく自己主張するようになる。「ジブン（デ）」「イヤ」という言葉が頻出するようになり、その過程で何でも自分でやってみようとすることで、最初は失敗もするが、次第にできることが増えていく。そういった中で身辺自立を果たし、自分に対する有能感（competence）が生じ、結果として自分も含めた環境を自分はうまくコントロールすることが可能であるという自律性が確立するのである。逆にこの時期に例えば周囲からトイレットトレーニングをせかされ、失敗経験を繰り返したり、それをきつく叱られたりといった経験をすると、自分の能力への疑惑や恥の感覚が強くなり、自分から行動を起こすことに消極的になっていく。

　幼児期から児童期への移行の時期には、子ども達の世界がそれまでの親子あるいは家族中心の世界から、近所の人や幼稚園・保育所の友達を含めた地域へと広がりをみせる。そうした行動範囲の広がりに伴って、積極性が確立する。その際に子どもが興味関心を持つことがタブー視されるような事柄、例えば性に関することなどに触れた場合に、「子どもはそんなこと考えなくていいの！」といった周囲の関わり方次第では、何かに自分が興味を持つことそのものがいけないことなのだと誤った認識を持つ子どもも出てくる。自分がいけないことをした時に罪悪感を感じるというのは発達上必要な感覚ではあるが、その罪悪感があまりに強すぎると、自分からは積極的に行動することが難しくなるのである。

　児童期は、思春期が始まるまでは比較的身体的変化が緩やかなために、子どもたちは安心して好奇心の目をさらに外に向ける時期とエリクソンは考える。この時期に知的好奇心に支えられて、社会で生きていくために最低限必要な読み書きや計算といった基礎技能を獲得していく。また、その過程の中

で物事にこつこつ取り組むという勤勉性が身につく。一方で一斉授業を中心とした学校教育の中では、他児との比較の中で強い劣等感を感じ、意欲を減退させる子どもたちが出てくるのもこの時期である。

　ちなみに、児童期に身につけた勤勉性は、将来社会に出た時に物事に取り組む姿勢にもつながる。そのため、この時期に将来を担う子どもたちが勤勉性を身につけることは、その恩恵を受けるであろう社会からの大きな要請となっている。

　青年期は第二次性徴を始まりとした大きな身体的変化を経験する時期であり、心も身体も大きく荒れる時期である。自分への関心が大きくなり、自分とは何かを考える時期でもある。この時期にさまざまな経験を通して自分とはこのような人間だ、このような生き方をしたいと考える一方で、本当にそれができるだろうか、本当の自分とは何だろうと自我の拡散の危機を経験するのである。

　成人期の前期は、就職や結婚といったライフイベントを通して、ライフスタイルが確立する時期である。この時期、職場の仲間との対人関係や配偶者となる人物との関わりにおいて、他者とのオープンな関わりを経験することで親密性が築かれる。一方で、特に青年期において自我確立が十分になされていない場合には、他者と関わることでアイデンティティがおびやかされると感じ、他者との関わりを自ら閉ざして孤立の状態に向かうのである。

　成人期の中期は、社会の中心的役割を果たす時期であり、職場では中間管理職、家庭では子どもたちの親としての役割が積極的に求められる時期である。この時期の心理社会的危機である生殖性とは、自分の死後も続く世界、子や孫、あるいはその先の世代に自分は何を残せるのだろうかといった次世代貢献を目指す姿勢のことである。心理的な成長によってこれまでの自己実現をメインとしていた発達、いわば個人の理想の追求から、社会全体・人類の理想の追求へと関心が転換する時期である。心理的な発達が不十分な場合には、自分や自分に直接関係する範囲の人々の幸せを望むといった停滞の状態にとどまる。

成人期の後期は「老年期」とよばれることもあるが、社会の第一線から退いて、第二の人生を迎える時期である。この時期に自分の人生を振り返り、人類の歴史という大きな流れの中に自分の一生を位置づけることがこの時期の望ましいありようとエリクソンは考えたのである。しかし、実際には、統合を成し遂げて一生を終えることができるのは限られた一握りの人だけであり、多くは、自分の人生に時に満足し、時に後悔を覚え、と揺れ動く中で人生の最期を迎える。

　以上、エリクソンの心理社会的危機の内容をみてきたが、エリクソンはこれらの危機が特定の発達段階に限定して存在するのではなく、人生の中で何度かその危機を経験するが、一番その危機が顕著になるのが図表2-3に示した時期としている。例えば、乳児期に重要とされる愛着の形成や基本的信頼感の確立は、その後、大人になった時に社会に出て行く際にも再び危機を経験することもある。それがうまく解消できなかった場合に、早期離職やひきこもりといった近年社会現象とまでなっている出来事に結びつくこともあるのである。

5　ピアジェの認知発達理論

　エリクソンの心理社会的危機は、自我の発達に着目した発達理論と考えることもできる。認知面の発達に着目した発達理論としては、ピアジェによる認知発達理論をあげることができる。

1）同化と調節

　ピアジェは、先述したように、自身の子どもを対象とした実験や観察を通して、青年期までの子どもたちの発達を精力的に研究した人物である。ピアジェは、子どもたちが経験を通して、外界の事象を自身に同化（assimilation）し、時に自身を外界に合わせて調節（accommodation）することを繰り返しながら、複雑な認識（思考）が可能になると考えた。

ピアジェのこの着想は、生物の成り立ちとの対比から生じている。生物学において、生き物が食物を取り込み、消化吸収によって自分の体の一部としていくことを同化とよぶ。また、外界に合わせて自分の身体の状態を変化させることを調節（順応）という。ピアジェはそれと同様に私たちの認識（知的行為あるいは思考）というものも外界の情報を自分の中に取り込み、すでに存在している考えに吸収していく同化の過程と、吸収しきれないものに対しては自分の認識を変えていく調節の過程とがあると考えたのである。そして同化が調節を上回る時には思考は自己中心的な遊び（例えば象徴遊び）の方向に向かい、逆に調節が同化を上回る時には模倣が生じ、両者が均衡している時、すなわち一方が他方を支配したり従属するような状態ではない時に知的行為が生まれるとした。

2）思考の発達段階

彼の研究によれば、論理的思考が可能になるまでには、図表2-5に示したように4つの段階があるとされている。

第1段階は、0〜2歳までで、ほぼ乳児期の思考に該当する。この時期の子ども達は感覚や運動を通して感じたものから外界を認識している時期であり、「感覚運動期」と名づけた。内的表象を思い浮かべることができないので、目の前にないものを考えることができない、すなわち「物の永続性 (permanence of objects)」が確立していない時期であると考えたのである。

図表2-5　ピアジェの認知の発達段階

認知の発達段階	対応する発達段階	特徴
感覚運動期	乳児期	感覚運動を通して、外界を認識。対象の永続性は未確立。
前操作期	幼児期	内的表象（イメージ）が形成。対象の永続性が確立。自己中心的思考。アニミズム的思考。
具体的操作期	児童期	脱中心化。保存概念の確立。具体物があれば、論理的思考が可能になる。
形式的操作期	青年期	具体物がなくても論理的思考が可能になる。

第2段階は、2〜7歳頃までであり、ほぼ幼児期の思考に該当する。この時期になると、内的表象を思い浮かべることができるようになるが、まだそれを操作して論理的に考えることはできない。論理的な操作ができる前の時期なので、前操作期と名づけたのである。さらに前操作期は前概念的思考期と直観的思考期に分けられる。この時期にはアニミズム的思考や自己中心的思考などの特徴がみられ、保存概念はまだ確立していない。

　第3段階の具体的操作期は、7歳から11歳頃までであり、ほぼ児童期の思考に相当する。この時期になると、具体物との対応で論理的な思考が可能になってくる。第4段階の形式的操作期は、11歳以降であり、ほぼ青年期の思考に相当する。この時期には、具体物から離れて抽象的に考えることができるようになる。そのため、$y = ax + b$といった関数が理解できるようになったり、複雑な説明文の理解が可能になっていくのである。また、$A<B$かつ$B<C$ならば$A<B<C$といった推移律の理解も可能になる。このような過程を経て、大人のものの見方・考え方へと発達していくのである。

　この章では発達についてその理論を中心にしてみてきたが、各発達段階ごとの発達過程については第4章以降に詳しく述べることとする。

【引用・参考文献】

榎本博明（2000）「成人期における発達課題」『大阪大学大学院人間科学研究科紀要』65-83頁

ニューマン, B. M.・ニューマン, P. R. 福富護訳（1988）『新版　生涯発達心理学―エリクソンによる人間の一生とその可能性』川島書店

ハヴィガースト, R. J. 荘司雅子訳（1958）『人間の発達課題と教育』牧書店

ピアジェ, J. 中垣啓訳（2007）『ピアジェに学ぶ認知発達の科学』北大路書房

Lorenz, K. (1970) *Studies in animal and human behavior*. London : Methuen, 荘厳舜哉（1994）『人間行動学』福村出版、179頁

Scammon, R. E. (1930) The measurement of the body in childhood. In Harris et al., *Measurement of man*. University of Minnesota Press.

第3章 遺伝と環境

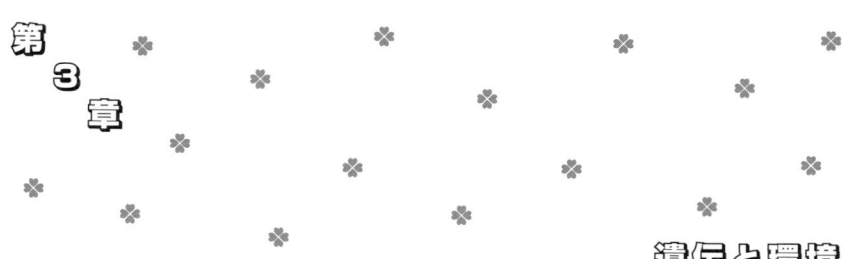

　発達は遺伝によって決まるのか生後の環境によって決まるのかという問いは、古くから「氏か育ちか（nature vs. nurture）」問題として議論されてきた。この章では、発達を規定する要因についてこれまでに考えられてきた説をいくつか紹介する。そして、教育と発達の関連性について、今日の教育を取り巻く状況も交えてみていきたい。

1　遺伝説と環境説

1）ゲゼルの成熟優位説

　発達が遺伝によって決まると考えた代表的人物として、『狼にそだてられた子』の著者でもあるゲゼル（Gesell, A. L.）をあげることができる。狼に育てられたとされるアマラとカマラの記録は、人は人によって育てられるからこそ人間になるのであり、狼に育てられればその性向は狼と同じようになるといった論調で広まった。しかし、ゲゼルの関心の中心は人間の発達が遺伝によって規定されていることを示すことであった。

　彼は、一組の一卵性双生児の女児を対象に学習経験の発達への影響について調べている。一卵性の双生児は遺伝的には同一のクローンなので、もし発達が遺伝のみによって決まるのであれば、学習経験の違いに関係なく、全く同じ発達を示すはずである。逆に生後の2人の発達に違いがあるとすれば、

それは生後の経験あるいは周囲の関わりといった環境によるものと考えることができる。

そこでゲゼルらは、4段ほどの階段をあがる訓練を、一方には生後46週から6週間にわたって行い、もう一方には53週目からの2週間行った。その結果、最初に訓練を行った女児は、訓練開始時にはまだ自力で階段を登ることができなかったが、6週間の訓練を経て26秒であがれるようになった。一方、後から訓練を行った女児は、訓練開始時点ですでに自力で階段をあがれるようになっており、2週間後には10秒であがれるようになっていた（Gesell & Thompson）。つまり後から訓練に加わった子どもの方が、単純に訓練に費やした時間のみを比較すれば3分の1の期間で、先に訓練を受けた子どもよりも早く階段をあがれるようになっていたのである。この結果をもとにゲゼルは、時期が来れば遺伝によってあらかじめ決められていることが自然にできるようになる、という遺伝的な成熟を待つことの重要性を主張した。これを成熟優位説という。

2）ワトソンの環境優位説

発達が環境によって決まると考えた立場の代表としては、行動主義心理学を提唱したワトソン（Watson, J. B.）をあげることができる。彼は、自分に健康な1ダースの赤ん坊と自身が考える望ましい環境とを与えてくれれば、その子の適性や能力などに関係なく、医者や法律家、芸術家、商人あるいは泥棒や乞食など、自分が選んだあらゆるタイプのスペシャリストに育てあげてみせると著書の中で述べ、生後の経験によって人は何にでもなりうるという環境優位の考えを主張した。ワトソンのこの考えは、17世紀の哲学者ジョン・ロック（John Locke）の子どもは白紙の状態で生まれてくるという「タブラ・ラサ（tabula rasa）」の考えに影響を受けている。ロックは、何も書かれていない紙に文字が書かれていくように、生後の経験を通して一人ひとりの個性が形作られていくと考えたのである。

また、ワトソンは「アルバート坊やの実験」を行ったことでも知られてい

る。彼は、恐怖という感情を引き起こす対象も生後の経験によって変化しうることを実験的に示し、感情のような原始的と思われる領域の発達においても生後の経験が重要であることを示したのである。

3）「遺伝か環境か」から「遺伝も環境も」へ

極端な遺伝重視の考え方は、ある意味、運命論的であり、当時の時代背景を反映した身分制度の是認や優生思想に陥る危険性をはらんでいた。また、成熟を待てばよいという考えは、教育の果たす役割が過小評価されていたと考えることもできる。

他方で、環境重視の考え方は、一見すると誰にでも同じように可能性の道が開かれているという点で民主的な考えではあった。しかし、同時に望ましい発達に到達しなかった場合には、本人の努力不足や周囲の関わりのまずさといった環境面の問題に原因を帰することになり、努力や関わりの重要性が過大評価されすぎる危険性もはらんでいたといえる。

遺伝のみ、あるいは環境のみが発達を規定しているという考えは、今では時代遅れのものであり、両要因が私たちの発達に影響を及ぼしているという考えに異論を唱える人はたぶんいないだろう。遺伝か環境かという二分法ではなく、遺伝も環境もどちらも発達に関係しているという考えは「遺伝と環境の相互作用説」とよばれる。次節では、遺伝と環境という2つの要因がどのようにして発達に影響を及ぼすのかという点で異なる考えを3つ紹介する。

2　相互作用説

1）シュテルンの輻輳説

知能をIQという指数として表すことを提唱した人物でもあるシュテルン（Stern, W.）は、私たちの発達のあらゆる側面が遺伝要因と環境要因の加算によって成り立っているが、その程度はさまざまに異なっているという考えを

提唱した。これを輻輳説（convergence theory）という。ただし、彼の考えはあくまでも概念的なものであった。

図表3-1は、シュテルンと同様の考えをルクセンブルガーが図式化したものである。この図の左側に行くほど遺伝的影響が大きく、右側に行くほど環境の影響が大きくなる。いわゆる下等な生物は遺伝的に規定される部分が大きく、人間のように高等な生物は生後の経験による部分が大きい、つまり人間の発達はこの図の右側に位置するものが多いと考えられていた。

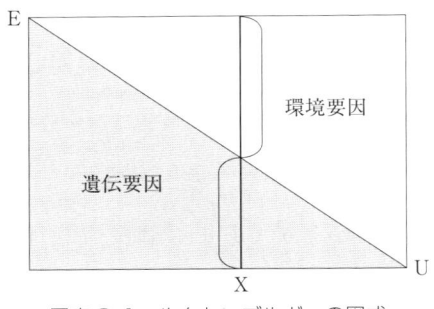

図表3-1　ルクセンブルガーの図式（新井、1997より作成）

2）ジェンセンの環境閾値説

ジェンセン（Jensen, A. R.）は、遺伝要因と環境要因が単純加算的に影響するのではなく、両者は不可分のもので、乗算的に相互に影響すると考えた。そして、環境要因の遺伝要因への関与をいくつかのパターンに分けて考えた（図表3-2）。パターンAは、身長や言語能力などの発達で、環境要因の影響がほとんどない。パターンBは、学業成績などで、中程度の環境要因の影響がある。パターンCは、絶対音感や外国語の音韻の修得などで、環境要因がなければほぼ不可能であると考えたのである。ジェンセンの考えは、一定水準以上の環境条件が整わないと遺伝的形質が発現しないという意味で、環境閾値説とよばれる。

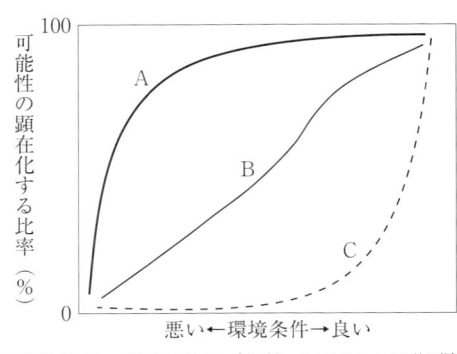

図表3-2　環境閾値説（新井、1997より作成）

第3章 遺伝と環境

3）行動遺伝学

　行動遺伝学とは、私たちの行動の多様性を遺伝子レベルで考えようとするものである。ある集団内の行動の多様さをその集団内に属する人（や動物）の遺伝子の多様さでどれだけ説明できるかを推定しようとする学問である。私たちの知能や性格、行動傾向などの個人差がどの程度まで遺伝子の違いによって説明できるのかを定量的にとらえようとする点で、輻輳説や環境閾値説と異なっている。

　安藤は、一般に遺伝というと「決定性」「伝達性」「不変性」を意味するものとしてとらえられやすいこと、そのため教育においては遺伝要因を軽視する傾向がみられることを指摘している。ひとたび遺伝による影響を認めてしまうと、そこには教育の入り込む余地がないと誤解されることが多いというのである。

　しかし、現実の遺伝というのは、図表3-3aのように、一つの遺伝子型が私たちが直接目にすることのできる他者の行動やくせ、性格といった特定の表現型に対応しているわけではない。したがって遺伝子レベルでは「伝達性」「不変性」があったとしても表現型のレベルではそれが成り立つとは限らない。可変範囲があるというのである（図表3-3b）。さらに、異なる遺伝

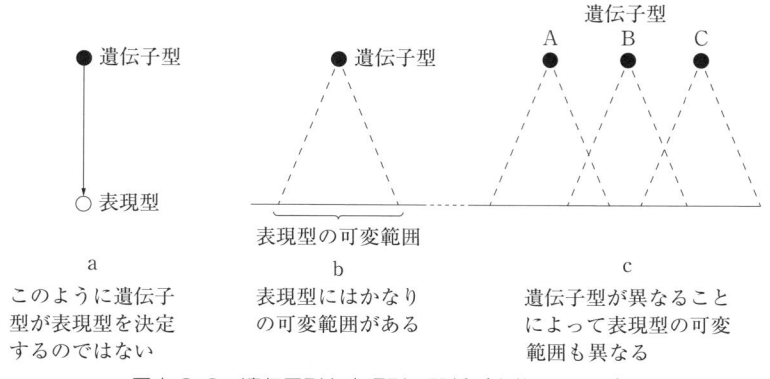

a	b	c
このように遺伝子型が表現型を決定するのではない	表現型にはかなりの可変範囲がある	遺伝子型が異なることによって表現型の可変範囲も異なる

図表 3-3　遺伝子型と表現型の関係（安藤、1994）

子型を持つ人の間でも同様の変動がみられる（図表3-3c）。すなわち表現型が同じであっても遺伝子を共有していない場合もあるし、遺伝子を共有していても表現型が異なる場合もあるのである。そのため、教育場面で問題となる遺伝的影響とは、本能のような種に共通の遺伝的特性を指すのではなく、表現型でみられる個人差が遺伝子型の個人差にどれだけ基因するものなのかということだとしている。

　行動遺伝学の主要な研究法としては、双生児研究をあげることができる。双生児研究では、遺伝子型が100%同じである一卵性双生児と遺伝子型の平均して50%を共有する二卵性双生児を対象として、表現型の類似性を比較する。それによって、一緒に育った共有環境と非共有環境（それぞれに固有の環境）の影響を定量的に評価する。そこからは、従来考えられていたよりも遺伝要因と非共有環境の影響が強く、親の育て方や親のパーソナリティとい

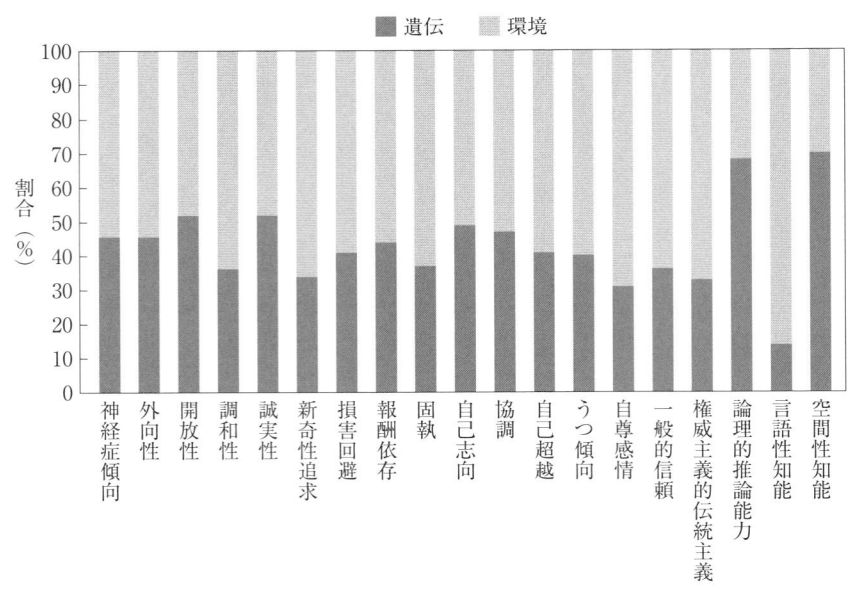

図表3-4　心理的・行動的形質に寄与する遺伝と環境の影響
(http://nationalgeographic.jp/nng/article/20120118/296619/)

った複数のきょうだいが共通に経験する共有環境の説明力が低いことが判明している。また、遺伝的な影響の発達過程における変化を調べた研究からは、高齢期になるに従って遺伝的影響が大きくなることも分かってきている。

図表3-4は、これまでの行動遺伝学の研究で分かった心理・行動特性ごとの遺伝的影響（遺伝率）を安藤がまとめたものである。この結果から、知的能力の中でも論理的推理力や空間把握に関する能力は、遺伝的影響がかなり大きいことや、さまざまなパーソナリティ特性においても遺伝の影響が50％前後あることが分かる（ただし、これは私たちのパーソナリティや知能が遺伝によって50％決定されることを示しているのではない。表現型においてみられる多様性の50％が遺伝的要因によって説明可能ということである）。

ヒトゲノムの解明が進むに従って、知能のような特定の能力に関係する遺伝子をみつけようとする研究も行われるようになってきている。しかし、それらの研究からは、知能と直接的に結びついた特定の遺伝子はみつかっておらず、かなり多くの複数の遺伝子の違いが環境要因と相互作用して、最終的に個々人の知能の違いとなっているということしか明らかになっていない（Zimmer）。

3　臨　界　期

前節の最後では、発達において遺伝の影響が一般に考えられているよりも大きいことが分かってきたということを紹介した。この節では、発達の時期が遺伝によって規定されている現象について紹介する。そして早期教育との関連を述べる。

1）ローレンツによる臨界期の発見

『大辞林（第3版）』によれば臨界期（critical period）とは「発達過程において、その時期を過ぎるとある行動の学習が成立しなくなる限界の時期」とされる。
動物行動学（ethology）の研究者であったローレンツ（Lorenz, K.）は、動物

の行動観察を通して、多くの動物の行動が遺伝的に規定されているものであることを紹介している。その中でもハイイロガンの孵化に立ち会った経験から、後にマルティナと名づけられたヒナがローレンツを親と認識し、彼に対して追従行動や接近行動を行った例を紹介している。孵化時の様子を彼は以下のように描写している。「彼女は頭をすこしかしげ、大きな黒い目で私を見上げて、じっとみつめる。そのとき彼女は必ず片目で見た。……長い間、ガンの子は私を見つめていた。私がちょっと動いて何かしゃべったとたん、この緊張は瞬時にしてくずれ、ちっぽけなガンは私にあいさつをはじめた（ローレンツ、1998：159）」。その後、マルティナはローレンツが養育係にと考えていたガチョウには見向きもせず、ローレンツの後を着いて回り、起きている時には2分おきに、寝ている時には1時間ごとに「ヴィヴィヴィヴィヴィ」という特有の音声で母親代わりのローレンツの所在を確認するという行動を繰り返したそうである。このような現象は刷り込み（インプリンティング）とよばれているが、刷り込みが起きる時期は孵化後の一定期間に限られている。これが臨界期である。

2）ボウルビィの愛着理論

　では、人間にもある一定の時期を逃がすと発達できなくなるというような臨界期が存在しているのだろうか。ボウルビィ（Bowlby, J. M.）が提唱した愛着理論（attachment theory）は、人間も他の動物と同様に生得的に他者との間に緊密な絆を結ぼうとする性向を有していることを示している。ローレンツのハイイロガンは孵化後にみたものを愛着の対象とするよう刷り込まれていた。一方、人間は、ボウルビィによれば、生後の乳児からの愛着行動に対してタイミングよく応えてくれる対象との間に愛着が形成されるとした。

　ボウルビィ以前の心理学の考え方では、乳児が母親との間に愛着を形成するのは、空腹やのどの渇きといった子どもの生理的欲求を母親が満たしてくれる存在だからであるとされていた。すなわち、生後の経験によって、母親が自分にとって望ましいものを与えてくれる存在であることを学習した結果、

第3章 遺伝と環境

乳児は他者と区別して母親と強い結びつきを持つようになると考えられていたのである。しかし、ホスピタリズムとよばれる施設で育つ子どもたちに特有の発達全般の遅れが、衣食住といった環境を変えるだけでは改善されなかったことから、ボウルビィはこの考えに疑問を抱いた。生理的欲求の充足のみでは不十分と考えたのである。

そして、同時期にアカゲザルを対象に行われたハーロウ（Harlow, H. F.）の母子分離実験の知見をもとに、人間においても温かさややわらかさといったスキンシップを通して得られる感触が心理的安定を得るために重要であると考えた。これに臨界期の考えを加えて、子どもが小さいうちは、母親のもとで愛情深く育てられ、母親との間に安定した愛着が形成されることが、乳幼児の発達にとっては必要だと主張したのである。

これが日本においては「三つ子の魂百まで」ということわざとも合致して、

専業主婦の母親に大きい育児不安
「お子さんを育てながら次のように感じることがありますか。次の（ア）～（ウ）のそれぞれについてお答え下さい。（（ア）～（ウ）それぞれ○は1つ）」

		よくある		時々ある	あまりない	全くない	無回答
（ア）育児の自信がなくなる	有職者	9.7		40.3	38.9	9.7	1.4
	専業主婦	15.7		54.3	22.8	6.3	0.8
（イ）自分のやりたいことができなくてあせる	有職者	15.3		54.2	23.6	5.6	1.4
	専業主婦	19.7		54.3	22.0	3.1	0.8
（ウ）なんとなくイライラする	有職者	19.4		65.3	12.5	1.4	1.4
	専業主婦	31.5		47.2	18.1	2.4	0.8

（備考）1. 回答者は第1子が小学校入学前の女性である。
　　　　2. 有職者にはフルタイム、パートタイムを含んでいる。

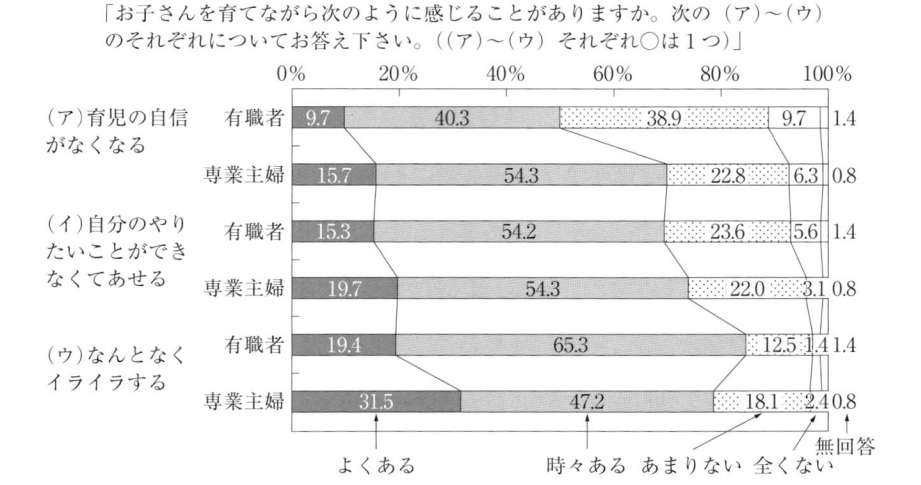

図表3-5　平成9年度国民生活選好度調査
(http://www5.cao.go.jp/seikatsu/senkoudo/98/19980219c-senkoudo3-9.gif)

3歳までの家庭内育児の重要性が過度に強調されることになり、いわゆる3歳児神話が生まれた。子どもが3歳になるまでは、母親が家庭にいて、子どもをしっかりと養育することが大切とされたのである。

しかし、ややデータは古いが平成9年に経済企画庁（現・内閣府）が行った国民生活選好度調査の結果からは、有職者よりも専業主婦の方が子育てに関して不安や焦り、焦燥感を有しているという結果が示されている（図表3-5）。確かに、専業主婦の方が子どもと関わる物理的な時間は多くなるだろう。だが、密接に関わる親の側に高い育児不安があり、心理的に不安定な状態だったとしたら、その関わりの質を考えると、どちらの方が子どもにとって望ましいのか一概にはいえないだろう。

発達の初期の段階に、親子が密な関わりをとることは確かに大事なことではある。けれども、その時期に愛着を形成できなかったら、それによって生涯にわたるような大きな発達的問題を抱えるのかといえば、人間の場合必ずしもそうではないのである。

3）臨界期・敏感期と早期教育

近年、臨界期研究が見直される中で、動物においてもローレンツが考えていたほど厳密にやり直しのきかない時期ではなく、臨界期というよりも発達の感度がよい時期として「敏感期」というよび方の方がふさわしいとする考えも出てきている。

言語の習得において、獲得がしやすい時期があることは、多くの人が経験的に感じていることだろう。人の乳幼児は、1歳半から2歳頃にかけて語彙の爆発的な増加をみる。その結果として、4歳程度になると言葉での意志伝達が比較的スムーズにできるようになる。その時期を英語圏ですごせば英語をスムーズに話すようになるし、日本語圏で育った子どもは、苦労せずに日本語を身につけるのである。これはまさに敏感期といえるだろう。

この臨界期・敏感期という考え方を根拠にして、教育雑誌には、「〇歳までに〇〇の能力は発達する」といったうたい文句で、早期教育を推奨するよ

うな内容が散見される。

　榊原は、小児科医の立場から、このような乳児期の臨界期を強調した早期教育の喧伝について疑問を呈している。特に、脳科学を引き合いに出して、発達初期にさまざまな刺激に触れて育つことが脳を育てると紹介するような記事に関しては、それらの刺激に触れることがどのように脳を育てることにつながるのかは、今の科学では解明されていないことを指摘している。

　同様に、渡辺は『子どもの「10歳の壁」とは何か？』という著書の中で、9歳・10歳という年齢が発達的にどのような時期なのかを詳述しているが、そこでも「9歳・10歳までに○○の能力を伸ばさないといけない」といった早期教育をあおるメッセージが巷に氾濫しているとして警鐘を鳴らしている。

4　発達と教育

　では、私たちが発達について考える時に教育ができることはないのだろうか。ここで重要になってくるのがレディネスという概念である。

　レディネスとは「発達の準備状態」のことで、例えば乳児が歩くためには、下肢の筋力の発達はもちろんのこと、平衡感覚をつかさどる小脳の発達や、自分の中で歩きたいという意欲があることも必要になってくる。これらのどれが欠けても歩くという行動にはつながらない。ゲゼルが成熟優位説を唱えるもととなった研究において、成熟を待つ必要性を説いたのは、まさにこのレディネスが整わない状態での教育の効果の乏しさを示したものであった。

　ロシアの児童心理学者であるヴィゴツキー（Vygotsky, L. S.）は、子どもの知的能力の発達を考える際に、2種類の発達水準（発達のレベル）を考慮すべきと主張した。1つは子どもが周囲の助けを借りることなく自主的に解いた問題によって規定される「現在の発達水準」であり、ビネー式の知能検査で測定される精神年齢のようなものがこれに相当すると考えた。もう1つは、周囲の大人の助けや仲間との協同を通して子どもが解いた問題によって規定される発達水準である。例えば、自力では6歳相当の問題まで解ける2人の

子どもが、教師のヒントによって、一方は8歳相当の問題まで解けたが、もう一方は10歳相当の問題まで解けたという場合、現在の発達水準としては、2人は同じレベルにあるが、教育的働きかけは当然異なってくるだろうと考えたのである。そして、現在の発達水準から周囲の助けがあればできる発達水準までの間を「発達の最近接領域（zone of proximal development）」とした。その上で、積極的に発達の最近接領域に働きかけ、それによって現在の発達水準を引き上げることこそが教育の目的であるとし、知的発達における教育の重要性を主張したのである。

　アメリカの児童心理学者であるブルーナー（Bruner, J. S.）は、ヴィゴツキーの発達の最近接領域の考えを拡張して足場かけ（scaffolding）という考えを提唱している。ブルーナーは、子どもの発達に見合った形で教材を提示するという教育の工夫によって、現在の発達水準から次の発達水準へ足場をかけ、それによって発達を引き上げていくことができる。つまり成熟を待つのではなく、教育によって子どもの中にレディネスを積極的に作り出していくことができると考えたのである。

5　現代の教育環境

　現代は情報機器の飛躍的な進歩とインターネットなどの情報網が非常に発達した時代としてとらえることができるだろう。子どもたちは、かつてない膨大な量の情報にさらされており、情報教育＝メディアリテラシーの重要性が非常に高くなっている時代ともいえる。

　情報機器の進歩は、一方では教育環境にプラスの影響を与えている。日本に限っていえば、小・中学校をはじめとする教育現場でパソコンが設置されていない所は皆無といってよいだろう。幼児を対象としたパソコン教室を特色としている幼稚園もある。パソコンが一般に普及し始めた当時は、機器の操作の仕方を覚えることに主眼が置かれていたが、インターネットが普及するに従って、その使われ方はかなり変わってきたように思われる。インター

ネットにつながったパソコンがあれば子どもたちは多くの情報に接することができる。調べ学習の情報源は以前とは比べものにならないくらい豊富になっている。また、授業においても言葉だけでは十分に説明が伝わりにくいところを写真や動画といった補助資料を用いて伝達することも可能になっている。さらに、インターネットによってまさに世界中がつながっているがゆえに、ネット上で知らない国の人と交流するといったことも可能になってきた。そういった意味では、私たちの世界は21世紀に入って飛躍的に広くなった、あるいは世界が一人ひとりの子どもにとって身近になったということができるだろう。

　こういった利点の一方で、自分の疑問にすぐに誰かが答えてくれるという環境の中で育つ子どもたちには、考える力が育ちにくいのではないかと感じることもある。幼児期の子どもたちは「これは何？　あれは？」と目新しいものに次々と興味を示し、「なんで？　どうして？」と世の中の不思議を大人に質問する時期を経験する。そして、疑問に思ったことを自ら調べ、さらに思考を深めていくというのが従来の発達の過程であったように思う。しかし、今では、なかなかこの幼児期の「なんで？　どうして？」の時期から先に進まないように思うのである。「なんで？」の答えをインターネット上で探し、「ネットにこう書いてありました」というので満足してしまう、あるいは「ネットで探したけれど、答えがみつかりませんでした」とそこで考えることをやめてしまう子どもが増えているように思うのだ。この傾向は、もしかしたら子どもだけでなく、大人にも当てはまるものかもしれない。社会全体が、簡単に答えを求め、それが得られないと考えることを放棄するという思考停止状態に陥りかけているように感じることもある。

　メディア教育というと、犯罪に巻き込まれる率が高いといった指摘やネットいじめなどの悪用、対面でのコミュニケーションが減ることによる人間関係の希薄化、深夜までネットゲームに興じることによる生活習慣の乱れなど、インターネットのマイナス面に注目したものが多い。もちろん、子どもたちにそれらのマイナス面を教えていくことも必要だろう。しかし同時に、どう

活用したら自分で考える際の強力なツールになり得るのかといった教育もこれからは必要になってくるのではないかと思う。

そういう自分で考える力を身につけた子どもたちが親になった時に、メディアによって早期教育がうたわれたとしても、それは本当にわが子に必要なことなのか、といったバランスのとれた見方ができるようになっていくのではないかと思われる。そういった姿勢を身につけた大人になるということこそが、今の教育の目標として新学習指導要領でうたわれている「生きる力を身につける」ということではないのだろうか。

【引用・参考文献】

新井邦二郎編（1997）『図でわかる発達心理学』福村出版

安藤寿康（1994）「§1 遺伝要因と教育環境」並木博編著『教育心理学へのいざない』八千代出版

ヴィゴツキー 土井捷三・神谷栄司訳（2003）『「発達の最近接領域」の理論―教授・学習過程における子どもの発達』三学出版

ゲゼル，A. 生月雅子訳（1967）『狼にそだてられた子』家政教育社

榊原洋一（2004）『子どもの脳の発達 臨界期・敏感期―早期教育で知能は大きく伸びるのか？』講談社

ローレンツ,コンラート 日高敏隆訳（1998）『ソロモンの指環―動物行動学入門』早川書房

渡辺弥生（2011）『子どもの「10歳の壁」とは何か？―乗りこえるための発達心理学』光文社

Gesell, A. L. & Thompson, H. (1929) Learning and growth in identical infant twins. *Genetic Psychology Monographs*, 6, 1-123.

Watson, J. B. (1913) Psychology as the behaviorist views it. *Psychological Review*, 20, 158-177.

Zimmer, C. (2008) Searching for intelligence. *SCIENTIFIC AMERICAN*, 2008-October., 日経サイエンス編集部編 石浦浩之・石浦章一訳（2009）「知能遺伝子を探して」『別冊日経サイエンス166 意識の謎 知能の謎』2009年1月号、70-78頁

第4章 乳幼児期の発達

1 乳幼児期の概要

　乳幼児期は、子どもの発達過程の中で、生まれてから養育を受け、保育園や幼稚園ですごす時期である。新生児期（生まれてから、1カ月頃までの時期）、乳児期（1カ月頃から、1歳もしくは1歳半頃までの時期）、幼児期（1歳もしくは1歳半頃から、6歳頃までの時期）に区分される。

　乳幼児期では、アメリカの心理学者であるエリクソン（Erikson, E. H.）の心理社会的発達段階によると、心理的な基盤としての基本的信頼感が形成され（乳児期）、身辺自立をしていくこと（幼児期）が課題とされている。

　本章では、小学校に入学するまでの時期である乳幼児期の発達を、「身体・運動の発達」「脳の発達」「認知の発達」「言葉の発達」「乳幼児期の親子関係」の順にみていく。

2 身体・運動の発達

1）身体の発達

　厚生労働省が行った乳幼児身体発育調査（平成22年）によると、平成22年は平成12年と比べると、乳幼児の身長と体重にやや減少傾向がみられる。

　乳児期の身体発達は、例えば体重では、誕生時から3カ月経つと、約3倍

に増えるなど、身体の成長のスピードが速い急成長期であることが特徴である。それに対して、幼児期になると、身体の発達が著しい乳児期に比べて、身長や体重の増加は緩やかとなる。

誕生時の体重は、30年以上減少が続いており、生まれたばかりの体重が少ないと、子どもが将来、糖尿病や高血圧などの生活習慣病になりやすいという研究報告もなされるようになっている。そのため、新生児の体重が将来の健康に及ぼす影響を、追跡して調査や検証をしていく必要がある。

2）運動の発達

（1） 反射から随意運動へ

成長とともに脳も発達していくが、新生児や乳児では、脳が十分に発達しておらず、自分の意思で身体を動かすことができにくい。そのため、特定の刺激に対して自動的に引き起こされる反射という運動のパターンにより、身体の運動が行われている。

反射の中でも、生後2カ月から1年頃にしか現れない反射を原始反射とい

図表 4-1　原始反射の種類（小西、2006：30-31）

う。原始反射には、口唇探索反射、はいはい反射、モロー反射、自動歩行、ギャラン反射、ものをつかみにいく反射（把握反射）、吸啜反射（口に入ってきたものに吸いつく）などがある（図表4-1）（小西）。

例えば、口唇探索反射は母親の母乳を飲むために、モロー反射は倒れないための動きであり、原始反射は、新生児や乳児が、栄養を得たり危険を回避するなど、周囲の環境に適応していくために必要な運動である。

その後、2カ月～1歳頃になると、脳の発達とともに、原始反射は消えていき、欲求に従ったり周りの環境に応じて、自分の意思で身体を動かすことができるようになる。これを、随意運動という。

(2) 歩くこと

1歳をすぎると、乳児の多くは、大人の支えがなくても、1人で歩くことができるようになる。乳児の行動範囲が広がり、周囲の環境に対する興味や関心が増え始める。歩くというのは、乳幼児期の発達にとって、心身ともに大きな変化である。

歩き始めるまでには、うつぶせの姿勢で顔や胸をあげる（3～4カ月頃）、おすわりをする（5～7カ月頃）、はいはいをしたり、つかまり立ちをする（9～10カ月頃）、つたい歩きをする（11～12カ月頃）といった運動の過程をたどっていく（小西）。

(3) 粗大運動と微細運動

運動の種類には、粗大運動と微細運動がある。粗大運動は、座る、立つ、歩くなど、身体全体のバランスを使って行う運動である。1人で歩くことができるようになると、幼児期にかけて、階段の登り降り、片足飛び（ケンケン）、スキップなどの粗大運動ができるようになる。微細運動は、ものをつかむ、紙をめくる、指しゃぶり、指差しなどの手指を使う細かい運動である。指しゃぶりには、手や指を動かしながら機能を確認する、自己の存在を認識する、欲求不満の表れ、くせなど、発達の時期によって意味が異なるため（小西）、乳幼児の状況をよくみておく必要がある。指差しとは、言葉が十分に発達していない乳幼児が、ほしいものを伝えたり、関心のあるものに他者

も一緒に注意を向けてほしい時などに指を差す動きであり、周囲とコミュニケーションをとるための手段である。

3　脳の発達

　乳幼児期の中でも、特に乳児期は、脳が著しく発達していく時期である。脳が発達していくとは、ニューロンやシナプスといった、脳内の神経回路が発達していくことである。ニューロンとは情報を伝達する役割を持つ神経細胞のことであり、シナプスとは、ニューロンの間の接点の部分のことである（小西）。

　乳児が、ものをみる、音を聞く、ものを食べるなどの五感を用いて新しいことを経験すると、脳に情報が送られてシナプスができ、脳の回路が新たにつながっていく。さまざまなことを経験するほどシナプスが作られ、脳の回路が密になっていく（久保田）。シナプスは、乳幼児期にかけて増加していくが、その後、シナプスの刈り込みという、不要なシナプスが消えていく現象が起こる。脳の回路が効率的になり、脳の発達が促進していく。

　神経細胞の情報伝達の役割を持つシナプスを刺激することで、脳が発達するという点から、乳幼児期において、脳を育てる遊びや課題を積極的に行う方がよいという考え方がある。他方で、シナプスが多ければよいというわけではなく、脳に刺激を与えすぎれば、かえってシナプスの刈り込みに影響が生じ、脳の発達にはよくないという考え方もある。こういった乳幼児期の早期教育に関する問題は、議論が分かれるところであり、今後の研究の動向に目を向けておくとよいであろう。

4　認知の発達

1）感覚の発達

　感覚とは、視覚（みる）、聴覚（聞く）、嗅覚（におう）、味覚（味わう）、皮膚感覚（触る）の五感と、運動感覚、平衡感覚、内臓感覚を含めた8種類に分類される（日比野）。感覚が発達していくことも、乳幼児期の特徴である。
　4週間頃までの新生児では、脳の中の大脳という部位にある視覚の働きに関与する視覚野が未発達なため、視力は0.1未満である。立体的なものを把握することができず平面的にみえ、ぼんやりと周りをみている状態である。その後、視覚は年齢とともに発達していく。
　視覚が未発達な新生児でも、新生児模倣という、目の前の人による舌出しや口を開けるなどの、目立った表情を模倣する（真似る）能力を持つことが分かっている。3～4カ月になると、あらゆる刺激に反応するというよりは、人の顔らしさに反応して模倣が生じるようになる（池上）。視覚が未発達な新生児や乳児にとって、模倣はコミュニケーションを行うための基盤となる。
　4カ月以降になると、目の前の対象を自由にみることができるようになるが、乳児の視覚行動を観察するための代表的な方法の1つとして、アメリカの心理学者であるファンツ（Fantz, R. L.）らによって開発された選好注視法の実験がある。この実験は、乳児の前に刺激図形を並べてどの図形を長く注視するかを調べるものであり、その結果によると、人の顔に近いものをみる時間が長いことが分かっている（図表4-2）（高砂）。
　また、顔に特化した反応を示す脳の領域は、5カ月頃から発達し始める（大塚・山口）。大人から微笑みかけられるというごく単純で自然な動作であっても、乳児による大人の顔への認識が促進される効果があると考えられている。自分で歩くことができないこの時期は、周りにいる人の顔の動きをみることで、乳児自身が環境に働きかけているのである。

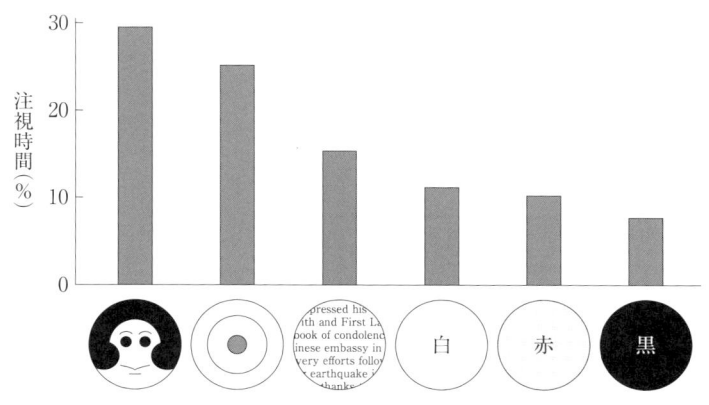

図表4-2　選好注視法の実験（高砂、1997：112；Fantz, 1961）

　聴覚は、視覚よりも発達が早く、母親のお腹の中にいる胎児の頃から耳の原型ができ、心臓や血液の音、お腹の外の大きな音などが聞こえるといわれている。新生児や乳児は、低い男性の声よりも、高い女性の声を好んだり、早口で抑揚がない話し方よりも、ゆっくりとした抑揚のあるテンポに反応しやすいなど、聴覚においても選好性を持つことが分かっている。

　触覚では、乳児は自分の手で、手や足を触ったり、指や足先をなめるといった行動がみられる。手や指が自分の身体であることを確かめたり、手や口などの触覚を通して、自分の存在を確認している。乳児の触覚に関する行動は、発達上意味のある行動といえる（小西）。

　感覚は、1つの感覚が単独でその役割を行うだけではなく、他の感覚と協応させながら働くようになる。例えば、積み木を積んでいったり、穴の空いたビーズにひも通しをするのは、視覚と運動感覚を協力させることである。子どもの発達上のアセスメントや支援を、感覚と運動の発達を中心に取り上げ、臨床的な観点から論じている研究もある（宇佐川）。

2）ピアジェの認知発達

　知覚は、感覚よりも高次の情報処理過程をいう。認知とは、知覚も含んだ、

思考、理解、判断、記憶、知覚など、人が生活を営んでいくために必要な知的な働きのことである。学習の本質を説明する理論的立場の1つに、行動の変容は環境に対する新しい認知の成立あるいは認知構造の変化によってもたらされるという認知説があげられるが、学習を均衡化によって説明するピアジェ（Piaget, J.）による理論も、広い意味で認知説の1つといわれている（三浦）。認知の発達は、子どもが学業生活で学習をしていく中で、重要な働きを担っている。

　スイスの心理学者であるピアジェは、認知の発達に関する理論を打ち立てた心理学者である。ピアジェは、思考、概念形成、仮説検証、操作的思考、他者視点、発生的認識論などに寄与してきたが（子安）、ここでは、その中でも乳幼児期における思考（知能）の発達を取り上げる。

　0歳から2歳頃の時期は、みる、触る、吸う、なめる、たたくなどの感覚を用いた動きが中心であることから、感覚運動期といわれる。感覚運動期は、第1段階から第6段階までの6つの時期に分かれる。最初は原始反射が中心であるが、脳の発達とともに、指しゃぶりや手に触れたものをつかむ感覚を用いた運動を行い始める。同じ運動を繰り返し行う循環反応がみられることが特徴である。音のする方向を向いたり、つかんだものを口に持っていくなど、感覚を協応させて働かせることができるようになる。自分のやりたいことを成し遂げるために、みる、触る、たたくなどの動作を試行錯誤しながら行う。頭の中で考えることができる感覚運動的知能の出現である。さらに、目の前にあるものが消えてもそのものは存在し続けるという、対象の永続性の概念が獲得される。

　2歳から7歳頃の時期は、前操作期といわれる。前操作とは、論理的な思考ができる前の段階という意味である。前操作期の中でも、2歳から4歳頃は、前概念的思考の段階である。食べ物や容器の玩具を用いてお店屋さんになったり、王子様やお姫様のように振る舞うといった、ごっこ遊びに必要な象徴機能が発達する。4歳から7歳頃になると、身の周りのことを比較したり、関係づけたり、分類しようとすることがみられる。しかし、見た目に影

響を受けたり、他者の視点に立つことができにくく、自分中心的な見方が優位であり、直観的思考の段階といわれる。

その後、7歳頃から12歳頃の具体的操作期、12歳頃以降の形式的操作期へと進むにつれて、論理的な思考（知能）が発達していく。

3）反抗と自己主張

1歳をすぎると、自分の名前に反応したり、自分の名前をよぶことができるようになる。また、鏡に写った自分の姿に気づくようになる。こういった自分のことを客観的にみることができる自己認知が発達していくと、自分と他人との区別ができるようになったり、自分のものという所有の意識が出てくる。

自己認知の発達とともに生じてくるのが、反抗と自己主張である。例えば、ご飯を食べさせようとしても食べなかったり、靴を「自分で履く！」というが、なかなかできないために養育者が手伝おうとすると怒り出したりするといったことである。厚生労働省による21世紀出生児縦断調査（平成13年出生児）では、親の悩みの1つとして、「子どもがいうことを聞かない」という項目がある。この項目は、2歳頃から親が回答する割合が増加していく。

2～3歳頃に、養育者のいうことを素直に聞かず反抗的な態度をとる時期を、第一次反抗期という。第一次反抗期は、自分の力でやり遂げたいといった自立心や、自己主張をしたいという気持ちが出てくる時期である。養育者にとっては子育てがしづらい時期であるが、幼児は、養育者を困らせようとして反抗的になっているわけではない。

高濱・野澤による母親への調査では、2歳から3歳にかけて反抗が落ち着き始めるのに対して自己主張は強くなると、母親は感じる傾向にあるという結果が報告されている（図表4-3）。母親は、2歳から3歳頃が、反抗から自己主張へ変わっていく時期ととらえていることが分かる。

幼児の自己主張は、すべてが周りに受け入れられるわけではない。幼児にとって、自己主張したいという気持ちを大事にされながらも、受け入れられ

ないことを経験する機会となる。自己主張を通して、自分中心的な態度から、周りの気持ちや考えを理解して、社会性を発達させていくことを学んでいく。この時期の幼児と関わる養育者は、反抗期や自己主張の意味を理解し、子どもの成長の過程ととらえておくことが重要である。

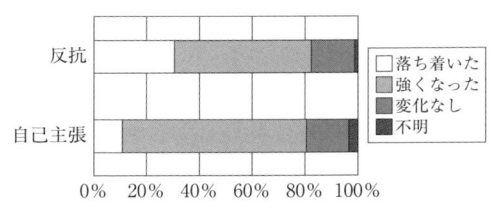

図表4-3　3歳時点における母親による反抗・自己主張の評価
（高濱・野澤、2011：144-145）

5　言葉の発達

　乳幼児期における大きな変化の1つは、言葉を話すことができるようになることである。言葉は、生まれてすぐに出てくるわけではない。どのように乳幼児が言葉を発達させていくのかを、みていくことにする。

1）言葉が出る前のコミュニケーション

　生まれた時の新生児の泣き声は叫喚といい、生理的に不快な状態であることを伝えている。新生児がすごす環境との最初のコミュニケーションは、泣くことであるといえる。3カ月頃までは、お腹がすいている、眠い、暑い、おむつが濡れているなど、不快な状態で泣くことが多い。その後、要求を伝える（3カ月～6カ月頃）、養育者の後を追う（6カ月～1歳頃）、人の気を引く（1歳以降）など、泣くことが意図する内容は多様になっていく（小西）。

　泣くことに加えて、3～4カ月頃から、「ママ」「ババ」など、言葉としての意味を持たない発声である喃語が増加していく。はじめて話す言葉である初語が生じるまで、喃語の発声が続いていく。

　乳児と対象物の関係を二項関係というが、自分と対象物に他者が加わり三者を共有する関係を三項関係という。三項関係は、乳児が自分の心の中にあ

る思いを、他者と共有しようとするものであり、言葉が出る前のコミュニケーションの1つといえる。

2）言葉を用いたコミュニケーション

　はじめて話す意味を持つ語を、初語という。初語が現れる時期は、個人差があるが、1歳前後に現れることが多い。初語は1つの語であり、初語が現れた後は、1つの語を発声する一語発話の時期が続く。8カ月から3歳における語彙の出現率を調べた調査によると、「マンマ（食べ物）」「（イナイイナイ）バー」「ワンワン（犬）」「あーあっ」「バイバイ」の順に出現する語彙が多かった（小椋・綿巻）。1歳半頃になると、「ママ、バイバイ（お母さんが向こうに行った）」や「アカイ、ブーブ（赤い自動車）」など、2つの語を組み合わせた二語発話が生じる。その後、複数の単語を組み合わせたり、助詞や助動詞が使えるようになるなど、文章の構造が複雑になり、会話ができるようになっていく。幼児期は、「これは何？」「どうして？」などの質問をして、語彙を増やしたり、知らないことを知ろうとする意欲が高まる。養育者は、幼児から話しかけられることが増え、幼児の成長を感じる時期でもある。

6　乳幼児期の親子関係

　これまでは、乳幼児の発達について取り上げてきたが、乳幼児は、母親や乳幼児に関わる養育者と互いに影響を与え合いながら成長していく。ここでは、乳幼児と、母親を中心とする養育者との関係に焦点を当てて、みていくことにする。

1）視覚的絶壁

　ギブソン（Gibson, E. J.）とウォーク（Walk, R. D.）により開発された、視覚的絶壁という装置がある（図表4-4）（高砂）。高さのある台の上にガラス板が張られ、床の模様も分かるようになっている。そのうちある部分は、ガラス板

の下にある模様がなくなり、絶壁で下に落ちてしまうのではないかとみえる装置である。6カ月〜14カ月の乳児を対象に実験を行うと、絶壁のようにみえる場所では奥の方には進まず、泣き叫ぶ乳児もみられた。このことから、早い時期から奥行き知覚が発達しているといえる。

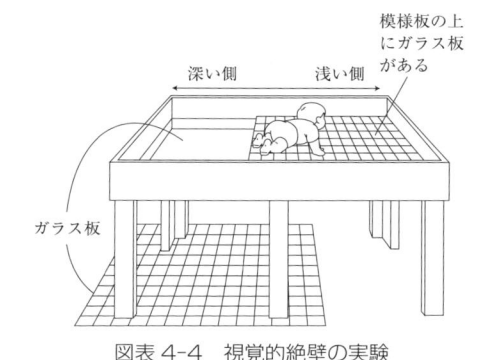

図表4-4 視覚的絶壁の実験
（高砂、1997：115；Gibson & Walk, 1960）

また、絶壁の向こうに母親がいて、母親が笑顔や喜びの表情をみせると、絶壁のようにみえても母親の方に向かう乳児が多く、母親が怒ったり悲しそうな表情をみせると、母親の方に向かう乳児は少なかった。このことから、乳児は母親の表情をみて、問題解決を行おうとしているといえる。養育者の表情は、乳児の行動に影響を与えている。乳児と養育者は、互いに関係し合っていることが、視覚的絶壁の実験から分かる。

2）アカゲザルの実験

アメリカの心理学者であるハーロウ（Harlow, H. F.）は、生まれたばかりのアカゲザルである子ザルを、針金製の母親ザルの人形と、針金に布を覆った布製の母親ザルの人形の前ですごさせた（図表4-5）。2つの母親ザルの人形には、授乳装置がついていた。子ザルを、針金製の母親人形からは授乳されるが布製の母親人形からは授乳されない群と、針金製の母親人形からは授乳されないが布製の母親人形からは授乳される群の2つに分けた。その結果、2群いずれとも、子ザルは布製の母親人形とすごす時間が長かった。また、恐怖を感じる刺激を子ザルに与えると、2つの群の子ザルはともに、布製の母親人形に抱きついた。このことから、子ザルにとっては、空腹を満たす欲求である生理的欲求よりも、肌触りなどの接触の快感への欲求の方が重要な

役割を果たしていることが分かる。情緒的な安定を図る触覚刺激の重要性が子ザルに認められたが、これは、人間における子どもの発達、特に母子関係の発達に大きな示唆を与えている（山口）。

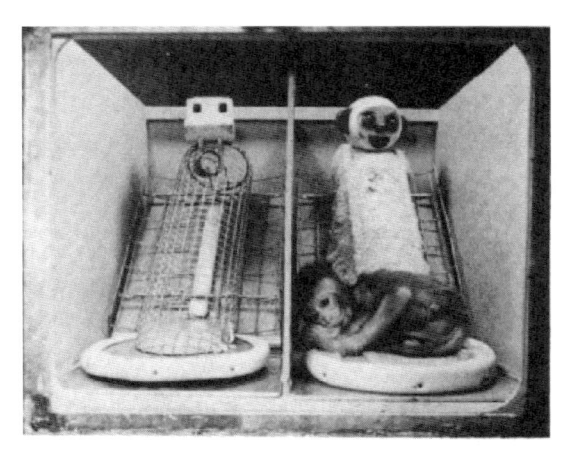

図表4-5　アカゲザルの実験（Harlow, 1958）

3）愛　　　着

イギリスの児童精神科医であるボウルヴィ（Bowlby, J. M.）は、養育者による適切な母性的養育が欠如されると、人格の発達や精神的健康面において、発達上の遅れや問題が生じる割合が高いことを報告した。これは、母性的剥奪（マターナル・デプリベーション）といわれる。ボウルヴィは、マターナル・デプリベーションの研究等を通じて、愛着（アタッチメント）という概念を提唱した。愛着とは、生物個体がある危機状況に接し、あるいはまた、そうした危機を予知し、不安や恐れの情動が強く喚起された時に、特定の個体にしっかりとくっつく、あるいはくっついてもらうことを通して、主観的な安全の感覚を回復・維持しようとする、心理行動的傾向およびそれを背後から支える神経生理的制御システムを指していう（遠藤）。すなわち愛着は、母親、父親、祖父母といった家族、幼稚園や保育園の教師、施設の職員、これらの養育者と子どもとの間で、相互作用を積み重ねることにより結ばれる情緒的な絆や行動のことである。

その後、愛着についての研究が進められた。その1つとして、エインズワース（Ainsworth, M.）により開発された、愛着の個人差を調べるストレインジ・シチュエーション法がある。これは、母子同室の場面、ストレインジャー（見知らぬ人）の入室場面、母親の退室かつストレインジャーとの同室場面、

ストレインジャーの退室かつ母親の入室場面などを設定し、母親との分離や再会時に表われる子どもの反応をみるものである。エインズワースの研究により、愛着のタイプは、回避型、安定型、アンビバレント型の3つに分類されたが、その後、無秩序・無方向型がつけ加えられた（図表4-6）（遠藤）。ストレインジ・シチュエーション法から分かることは、乳幼児の愛着のタイプは、養育者の関わりが関係しているということである。

　健全に愛着が発達していく場合は、6カ月頃までに、母親に抱かれる方が機嫌がよいなど、母親と他者との区別がつくようになり、愛着が形成され始める。4カ月〜12カ月頃には、知らない人に出会うと、不安な様子をみせたり泣いたりするようになり、人見知りという現象がみられる。2、3歳頃までには愛着が形成され、母親が自分から離れると泣き出すなどの分離不安が生じる。その後、母親の気持ちや行動を推測して、母親が目の前にいなくても安心してすごせるようになる。健全な愛着は、エリクソンが心理社会的発達課題としてあげている基本的信頼感の形成とも関係している。

　愛着は、乳幼児のその後の発達にも影響を与えるといわれている。躾をしたり叱ることだけが、子育てではない。周囲の大人は、乳幼児が安全や安心の感覚を持てるような環境を作り、受容的な態度で関わることも大切である。

図表4-6　愛着のタイプ（遠藤、2012：174-175）

	ストレンジ・シチュエーションでの子どもの行動特徴	養育者の日常のかかわり方
Aタイプ（回避型）	養育者との分離に際し、泣いたり混乱を示すということがほとんどない。再会時には、養育者から目をそらしたり、明らかに養育者を避けようとしたりする行動がみられる。養育者が抱っこしようとしても子どものほうから抱きつくことはなく、養育者が抱っこするのをやめてもそれに対して抵抗を示したりはしない。養育者を安全の基地として（養育者とおもちゃなどの間を行きつ戻りつしながら）実験室内の探索をおこなうことがあまりみられない（養育者とはかかわりなく行動することが相対的に多い）。	全般的に子どもの働きかけに拒否的にふるまうことが多く、他のタイプの養育者と比較して、子どもと対面しても微笑むことや身体接触することが少ない。子どもが苦痛を示していたりすると、かえってそれを嫌がり、子どもを遠ざけてしまうような場合もある。また、子どもの行動を強く統制しようとする働きかけが多くみられる。
Bタイプ（安定型）	分離時に多少の泣きや混乱を示すが、養育者との再会時には積極的に身体接触を求め、容易に静穏化する。実験全般にわたって養育者や実験者にポジティブな感情や態度をみせることが多く、養育者との分離時にも実験者からのなぐさめを受け入れることができる。また、養育者を安全の基地として、積極的に探索活動をおこなうことができる。	子どもの欲求や状態の変化などに相対的に敏感であり、子どもに対して過剰なあるいは無理な働きかけをすることが少ない。また、子どもとの相互交渉は、全般的に調和的かつ円滑であり、遊びや身体接触を楽しんでいる様子が随所にうかがえる。
Cタイプ（アンビヴァレント型）	分離時に非常に強い不安や混乱を示す。再会時には養育者に身体接触を求めていくが、その一方で怒りながら養育者を激しく叩いたりする（近接と怒りに満ちた抵抗という両価的な側面が認められる）。全般的に行動が不安定で随所に用心深い態度がみられ、養育者を安全の基地として、安心して探索活動を行うことがあまりできない（養育者に執拗にくっついていようとすることが相対的に多い）。	子どもが向けてくる各種アタッチメントのシグナルに対する敏感さが相対的に低く、子どもの行動や感情状態を適切に調整することがやや不得手である。子どもとの間でポジティブな相互交渉をもつことも少なくないが、それは子どもの欲求に応じたものというよりも養育者の気分や都合に合わせたものであることが相対的に多い。結果的に、子どもが同じことをしても、それに対する反応が一貫性を欠くとか、応答のタイミングが微妙にずれるといったことが多くなる。
Dタイプ（無秩序・無方向型）	近接と回避という本来なら両立しない行動が同時的に（たとえば顔をそむけながら養育者に近づこうとする）あるいは継続的に（たとえば養育者にしがみついたかと思うとすぐに床に倒れ込んだりする）みられる。また、不自然でぎこちない動きを示したり、タイミングのずれた場違いな行動や表情をみせたりする。さらに、突然すくんでしまったりうつろな表情を浮かべつつじっと固まって動かなくなってしまったりするようなことがある。総じてどこへ行きたいのか、何をしたいのかが読み取りづらい。時折、養育者の存在におびえているような素振りをみせることがあり、むしろ初めて出会う実験者などに、より自然に親しげな態度をとるようなことも少なくない。	Dタイプの子どもの養育者の特質に関する直接的な証左はまだ必ずしも多くはないが、Dタイプが被虐待児や抑うつなどの感情障害の親をもつ子どもに非常に多く認められることから、以下のような養育者像が推察されている。（多くは外傷体験など心理的に未解決の問題を抱え）精神的に不安定なところがあり、突発的に表情や声あるいは言動一般に変調を来し、パニックに陥るようなことがある。言い換えれば子どもをひどくおびえさせるような行動を示すことが相対的に多く、時に、通常一般では考えられないような（虐待行為を含めた）不適切な養育を施すこともある。

第4章 乳幼児期の発達

【引用・参考文献】

池上貴美子（1984）「乳児期初期における舌出し模倣に関する刺激要因の検討」『教育心理学研究』32 (2)、117-127 頁

宇佐川浩（2007 a）『障害児の発達臨床 I ―感覚と運動の高次化からみた子ども理解』学苑社

宇佐川浩（2007 b）『障害児の発達臨床 II ―感覚と運動の高次化による発達臨床の実際』学苑社

遠藤利彦（2013）「愛着」日本発達心理学会編『発達心理学事典』丸善出版

遠藤利彦（2012）「親子のアタッチメントと赤ちゃんの社会性の発達」小西行郎・遠藤利彦編『赤ちゃん学を学ぶ人のために』世界思想社

大塚由美子・山口真実（2012）「赤ちゃんが見ている『ヒト』の世界」小西行郎・遠藤利彦編『赤ちゃん学を学ぶ人のために』世界思想社

小椋たみ子・綿巻徹（2008）「日本の子どもの語彙発達の規準研究―日本語マッカーサー乳幼児言語発達質問紙から」『京都国際社会福祉センター紀要』24、3-42 頁

久保田競（2007）『赤ちゃんの脳を育む本―0 〜 2 才』主婦の友社

厚生労働省「21 世紀出生児縦断調査（平成 13 年出生児）」

厚生労働省「乳幼児身体発育調査：調査の結果（平成 22 年）」

小西行郎（2006）『知れば楽しいおもしろい―赤ちゃん学的保育入門』フレーベル館

子安増生（2013）「かんがえる【本章の概説】」日本発達心理学会編『発達心理学事典』丸善出版

高砂美樹（1997）「乳児の奥行き知覚」新井邦二郎編『図でわかる発達心理学』福村出版

高砂美樹（1997）「乳児の視覚」新井邦二郎編『図でわかる発達心理学』福村出版

高濱裕子・野澤祥子（2011）「歩行時期における親の変化と子どもの変化（量的アプローチ）」氏家達夫・高濱裕子編著『親子関係の生涯発達心理学』風間書房

日比野治雄（1999）「感覚」中島義明ほか編『心理学辞典』有斐閣

ボウルヴィ, J. M. 黒田実郎ほか訳（1991）『新版 母子関係の理論 I ―愛着行動』岩崎学術出版社

三浦正樹（2003）「学ぶということ」滝沢武久編著『はじめての教育心理学』八千代出版

山口創（2013）「タッチング」日本発達心理学会編『発達心理学事典』丸善出版

Fantz, R. L.（1961）The origin of form Perception. *Scientific American*, 204, 66-72.

Gibson, E. J. & Walk, R. D.（1960）The visual cliff. *Scientific American*, 202, 64-71.

Harlow, H. F.（1958）The nature of love. *American Psychologist*, 13, 673-685.

第5章 児童期の発達

1 児童期の概要

　小学生は児童、中学・高校生は生徒、大学生は学生とよばれるが、本章で取り上げる児童期は、子どもの発達過程の中で、6歳から12歳頃までの小学生の時期である。

　児童期は、エリクソン（Erikson, E. H.）の心理社会的発達段階では、勤勉性を身につける時期である。小学校での学習が始まり、勉強を真面目に行い、意欲を持ってやればできるという経験を積み重ねていくことが重要である。また、ハヴィガーストの発達課題では、同年齢の友達と仲良くしたり、集団の中で社会性を身につけていくことが課題とされている。

　本章では児童期の発達を、「身体・運動の発達」「認知の発達」「対人関係の発達」の順にみていく。

2 身体・運動の発達

1）身体の発達

　文部科学省の学校保健統計調査（平成24年度）によると、子ども世代、親世代、祖父母世代の平均身長と平均体重の比較が行われている。児童期である8歳と11歳の時期における、平成24年度（子ども世代）、昭和57年度（親

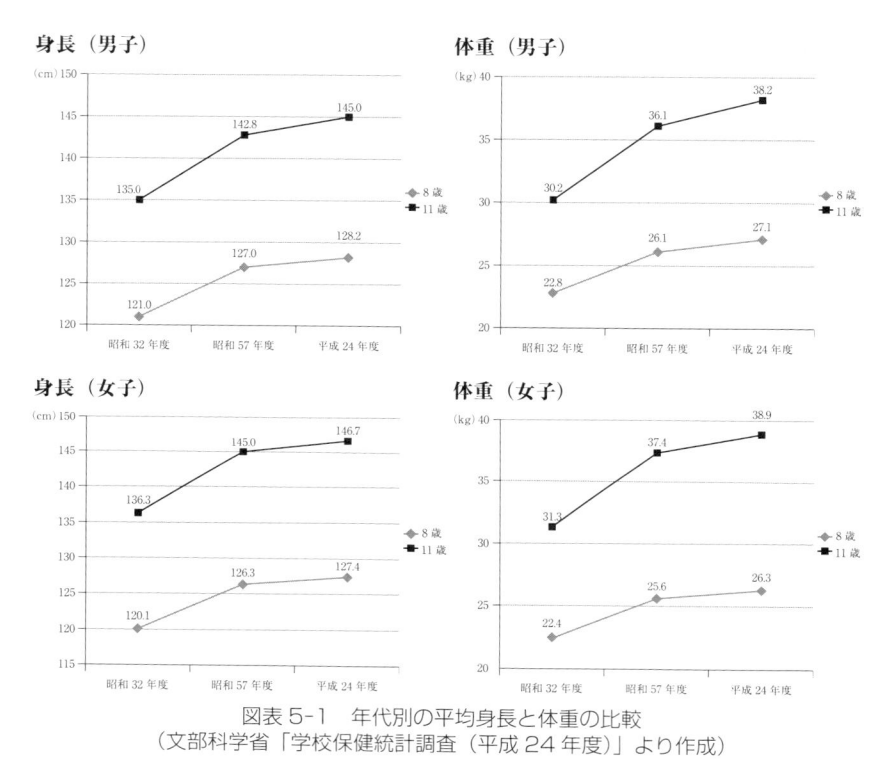

図表 5-1　年代別の平均身長と体重の比較
（文部科学省「学校保健統計調査（平成24年度）」より作成）

世代）、昭和32年度（祖父母世代）の比較では（図表5-1）、身長と体重はともに増加していることが分かる。親世代から子ども世代でも増加しているが、祖父母世代から親世代への増加の割合の方が大きい。

　身長では、小学校高学年になると、男子よりも背の高い女子が現れるが、11歳の平均身長でみると、昭和57年度の男子は142.8 cm、女子は145.0 cm、平成24年度の男子は145.0 cm、女子は146.7 cmである。平成24年度の方が、昭和57年度よりも、男女の平均身長の差がやや縮まっている。

　この調査結果によると、児童期の身体は、親や祖父母世代が児童期であった時期よりも大きくなっており、このように、世代が新しくなるにつれて身体の発達が促進される現象を、発達加速現象という。発達加速現象の要因と

して、肉類や乳製品を多く摂取するなどの食事の欧米化や、畳に正座する生活から椅子に腰かけてすごす生活様式の変化などが指摘されている。

2）運動の発達

　国民の運動能力を把握するために、文部科学省により新体力テスト（体力・運動能力調査）が実施されている。6歳〜11歳の児童に対しては、握力、上体起こし、長座体前屈、反復横跳び、20ｍシャトルラン（往復持久走）、50ｍ走、立ち幅跳び、ソフトボール投げの8種目が行われている。平成23年度の調査では、平成10年から平成23年までの種目の結果を点数化した合計点が算出されている。11歳の合計点をみると、緩やかではあるが増加しており、体力・運動能力は向上している。各種目では、男子の握力と立ち幅跳びを除いて、すべての項目で男女とも横ばいか向上を示している。

　運動は、肥満、糖尿病、メタボリックシンドロームなど、身体の健康面において予防や改善の効果がある（吉川）。また、運動は、学習能力の向上や、ストレスの予防にも効果があるという研究結果も出ている（John, J. R. & Eric, H.）。児童期は、児童同士の戸外での運動遊び、小学校での体育の授業、学外でのスポーツ教室の経験など、運動を身近に経験する機会が多いことから、運動を生活の中に取り入れて運動する習慣を身につけておくことが必要である。

3　認知の発達

1）直観的思考の段階から具体的操作期へ

　前章の乳幼児期の認知の発達で、ピアジェの思考の発達を取り上げた。2歳から7歳頃の時期は、論理的な思考ができる前の段階という意味で、前操作期といわれた。その中で、4歳から7歳頃は、身の周りのことを比較したり、関係づけたり、分類しようとすることがみられるが、見た目に影響を受

けたり、他者の視点に立つことができにくく、自分中心的な見方が優位である直観的思考の段階であった。

　児童期に入る6、7歳頃から、見た目に影響を受けず、論理的で体系的な

ピアジェの課題	直観的思考段階	具体的操作段階
液量の保存	子どもはA、Bの容器に等量の液体が入っていることを認める。それからBをCに移しかえると液面の高さに惑わされCのほうを「たくさんだ」と答えたり容器の太さに惑わされCのほうが「少しになった」と答える。	子どもはA、Bの容器に等量の液体が入っていることを認める。それからBをCに移しかえると、液面の高さはかわるが、CにはAと等しい量の液体が入っていることを理解する。
数の保存	子どもは2つの列の長さや密度のちがいに惑わされて、並べ方しだいで数が多くも少なくもなると判断する。	子どもは、2つの列は長さと密度が異なるが、ともに同じ数であることを理解する。
物理量と重さの保存	子どもはA、Bの粘土のボールが等しい量で、同じ重さであることをまず認める。それからBをつぶしてCのソーセージ型にすると、大きさのちがいや長さのちがいに着目して、量は変化し、重さもかわると答える。	子どもはA、Bの粘土のボールが等しい量で、同じ重さであることをまず認める。それからBをつぶしてCのようにしても、それはBのときと等しい量でしかも同じ重さであることを理解する。
長さの保存	子どもは個数の異なった積み木を使って、Aと同じ高さの塔をつくることができない。	子どもは個数の異なった積み木を使って、Aと同じ高さの塔をつくることができる。
客観的空間の保存	子どもはテーブルの上の山がもう1人の子どもにどのように見えるか表象できない。自分に家が見えていると、もう1人の子どもも見えていると思っている。	子どもはテーブル上の山がもう1人の子どもにどのように見えるかを表象できる。すなわち、自分に見えている家が相手の子どもには見えないことが理解できる。

図表5-2　保存課題（内田、1989：136）

思考ができるようになっていく。この時期を操作期という。操作期は、11、12歳頃までの具体的操作期と、11、12歳頃以降の形式的操作期に分かれる。ここでは、幼児期から児童期にかけての思考の発達の変化についてみていく。

直観的思考の段階から具体的操作期への思考の変化の例として、ピアジェによる保存課題を用いた例があげられる（内田）。液量の保存、数の保存、物理量と重さの保存、長さの保存、客観的空間の保存という5つの保存課題がある（図表5-2）。直観的思考の段階では、見た目である知覚的な情報の影響を受けやすく、正しく判断することができない。その後、具体的操作期に入ると、具体的な事物に関して、見た目の目立った特徴にとらわれず、論理的に物事を考えることができるようになる。

客観的空間の保存は、三山問題ともいわれている。直観的思考の段階では、今いる場所でみえている山の景色が、山の周囲の他の3つのどの場所でも同じようにみえると判断してしまう。これは、自分と他者の視点の区別がつきにくい幼児期の思考の特徴であり、自己中心性といわれる。その後、児童期に入り、他者の視点に立つことができるようになり、自己中心性を脱していく。これを、脱自己中心化という。

自己中心化から脱自己中心化への変化の例として、子どもの絵を取り上げる（東山・東山）。4歳児では（図表5-3）、お皿（左上）は上から、りんご（左上）は正面から、テーブル（下）は上から、人（下）は正面からといったように、全体を考えた1つの視点からの描写ではなく、平面的で、目に映ったままの視点から描かれているようにみえる。それに対して、10歳児（小学5年生）の絵になると（図表5-4）、お皿の上のりんごや、テーブルに座る人たちは立体的になり、1つの視点から統一して描かれている様子がみてとれる。自分が今いる場所から、目に映る事物や景色はどのようにみえているのかを思考することができるようになっていくことは、児童期の認知発達の変化といえる。

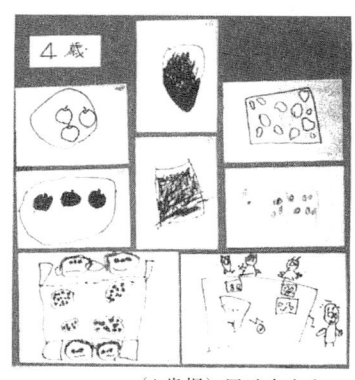

（4歳児）皿は上から、　　　　　　　　　（小学5年）　立体感、
　　コップは横からと、その特徴を象徴　　　　奥行き、重なりなどを意識してかい
　　的・平面的にかこうとしている　　　　　　ている。形も安定しはじめた
　　　　図表5-3　4歳児の絵　　　　　　図表5-4　10歳児（小学5年生）の絵
　　　　（東山・東山、1999：119）　　　　　　（東山・東山、1999：120）

2）思考と言語

　幼児期から児童期にかけての思考の発達は、言語の発達をもたらす。思考と言語についての研究は、ピアジェや、ロシアの心理学者であるヴィゴツキー（Vygotsky. L. S.）により研究が行われている。幼児が遊び場面などで、周りの反応を気にせずに話す独り言のようなものを独語という。これは、幼児期の自己中心性の反映と考えられ、自己中心的言語ともいわれる。声に出して発する言葉は外言といい、コミュニケーションをとる道具としての言葉であることから、社会的言語ともいわれる。また、言葉を出さず、頭の中で用いる言葉を内言といい、内言は思考のための道具である。

　ピアジェは、自己中心的言語は児童期以降に減っていき、社会的言語へと変わっていくとしたが、ヴィゴツキーは、外言から内言へと変わっていく過程に、自己中心的言語が現れると考えた。

　心理学者により考え方の違いはあるものの、言語は、他者と話をしたり、意志を伝達したり、情報を共有するなどのコミュニケーションの道具として

用いられるだけではない。言語は、思考のための手段であり、また、問題解決のための機能を持つことが、幼児期から児童期にかけての子どもの発達から明らかになっている。

4　対人関係の発達

　児童期は、親、兄弟姉妹、祖父母といった家族の中の対人関係だけではなく、小学校という学級集団の中で対人関係を発達させていくことが、この時期の課題である。勉強することに加えて、集団の中に自分の居場所をみつけたり、対人関係を築いていくことは、社会性の発達にとって重要である。児童同士の人間関係のトラブルや、いじめを苦に子どもが自殺をするといった対人関係に起因した問題も、近年多く生じている。児童期以降のよりよい対人関係の形成のためにも、集団の中における対人関係の基盤を、児童期に築いておくことが必要となる。

1）友だちの選択

　友だちは、どのようにできるのだろうか。小学校低学年から高学年にかけて、友だちを選択する理由が変化していく。小学校低学年では、誰々ちゃんと一緒に遊びたい、誰々ちゃんは嫌いといった内面的な理由もみられるが、家が近い、席が隣である、親同士が知り合いであるといった、環境による理由が関係しやすい。その後、小学校の中学年から高学年にかけて、環境による理由よりも、性格が合う、話がしやすい、相談ができる、お互いに分かり合えるといった、内面的理由の影響が大きくなる。勉強ができる、運動神経がよい、明るい、楽しい、おもしろい、格好いい、可愛いといった、友だちへの憧れや尊敬も、友だちを選択する基準となる。

2）児童期の対人関係の特徴

　小学校中学年から高学年にかけて、特定の仲のよい同性の友だち同士が集

まり、集団を形成して、一緒に遊ぶことがみられる。この集団を、ギャンググループという。ギャングとは、「集団」や「群れ」を意味する言葉であるが、ギャンググループには、尊敬を集めるリーダーがいて、力関係や役割分担があり、閉鎖性や排他性が強く、家族よりも友だち同士の方が重要な集団とみなされる。この時期は、ギャングエイジといわれるが、ギャングエイジにギャンググループを形成することは、集団の中のルールを守り、自分の主張や欲求を適切に伝えるなど、友だち同士のやりとりを通して、社会性を習得していくという発達上の意味があるとされている。

精神科医のサリヴァン（Sullivan, H. S.）は、小学校高学年から中学生にかけてできる親密な仲間をチャム、その関係をチャムシップとよんだ。チャムシップは、特定の同性同年代の仲間（チャム）関係である。集団内での仲間関係だけではなく、特定の親密な他者を持つことが、その後の成熟した対人関係の形成につながるとされている。

しかし、最近の小学生を対象とした調査（國枝・古橋）によると、小学校高学年では、心理的依存の対象を親から友人へと移行させているが、友人だけではなく親にも依存していること、また、ギャンググループやチャムグループ（保坂・岡村）は、ほとんどみられなかったことが報告されている。

現代の児童期における対人関係は、対面の関係だけでなく、インターネット、携帯電話、ソーシャルメディアなどの普及で、ネット上の関係を通したやりとりも増えてきている。ギャンググループやチャムシップに関して、現代の社会状況も考慮に入れた調査や研究が求められる。

3）ソシオメトリー

ソシオメトリーとは、心理学者のモレノ（Moreno, J. L.）により開発された、集団の人間関係の特徴を、数量的に測定することである。その方法として、ソシオメトリック・テストといわれるものがあり、学校の学級集団における対人関係の把握にも用いられている。活動したい人（勉強したい、話したいなど）について、「誰と一緒にしたいか」を児童生徒に質問をして、選択（一緒

第 5 章　児童期の発達

にしたい人）と排斥（したくない人）を記名させる。これにもとづき、ソシオグラムやソシオマトリックスを作成したり、選択数と排斥数の差を調べて、学級での社会的地位を明らかにすることができる。

　しかし現在では、倫理的な理由により、排斥に関する質問は一般的に行われていない。また、ソシオメトリック・テストでは、特定の作業を一緒にしたいかしたくないかという、「協同作業における人気」を社会的な地位の指標としているが、児童生徒を評価する軸は、「勉強ができるか」「スポーツができるか」「読書をたくさんしているか」「好き嫌いなく食べるか」などさまざまであるという問題も、指摘されている（杉森）。

4）親の学習への関心

　児童生徒の算数・数学、理科の到達度を国際的な尺度によって測定し、児童生徒の学習環境等との関係を明らかにするために、国際教育到達度評価学会（IEA）により、1995 年から 4 年ごとに実施されている TIMSS（国際数学・理科動向調査）がある。2011（平成 23）年に実施された TIMSS 2011 では、日本は小学 4 年生と中学 2 年生が参加した。テストと同時に、勉強に対する意識や、児童生徒からみた親の学習に対する関心といったアンケートも実施されている。その結果によると、児童期である小学 4 年生では、「勉強が楽しい」と答えた割合は、2003（平成 15）年と 2007（平成 19）年に楽しいと答えた割合よりも高かった。科目では、理科が国際平均よりも高かった（図表 5-5）。

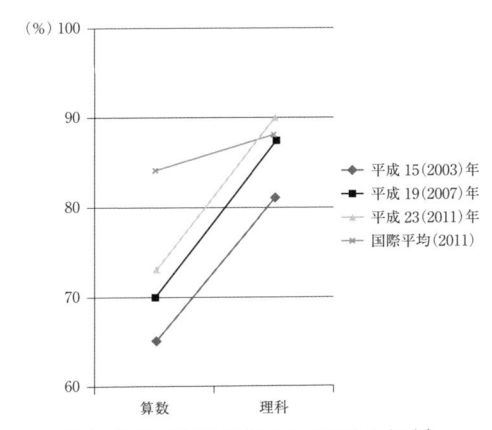

図表 5-5　勉強は楽しい（小学 4 年生）
（国立教育政策研究所 IEA 国際数学・理科教育動向調査の 2011 年調査〔TIMSS 2011〕より作成）

2011年からの新規質問項目である「私の親は、学校で習っていることについて私にたずねる」という質問では、「毎日あるいはほとんど毎日」と答えた小学4年生の親の割合は21%で、国際平均（65%）の3分の1だった。「1回もないあるいはほとんどない」は20%で、国際平均（8%）の2倍以上であった（図表5-6）。

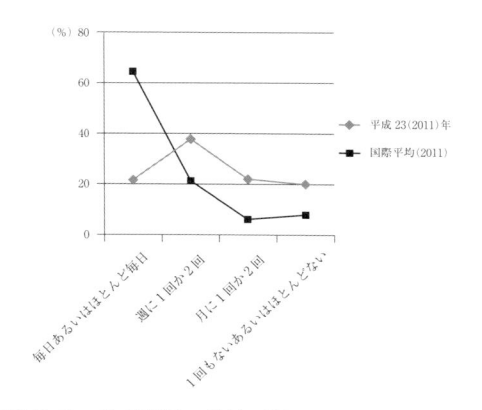

図表5-6　私の親は、学校で習っていることについて私にたずねる（小学4年生）
（国立教育政策研究所ＩＥＡ国際数学・理科教育動向調査の2011年調査〔TIMSS 2011〕より作成）

「私の親は、学校で習っていることについて私にたずねる」の質問について、「毎日あるいはほとんど毎日」と「1回もないあるいはほとんどない」の2つの選択肢に回答した児童生徒の得点の比較が、算数・数学（図表5-7）と理科（図表5-8）で行われている。小学4年生の算数、中学2年生の数学、小学4年生の理科、中学2年生の理科では、いずれも、「毎日あるいはほとんど毎日」と回答した児童生徒の得点が高かった。小学4年生と中学2年生の時期を比べると、中学2年生になるほど得点の差が増加していた。

児童期は、小学校での勉強が始まり、日常生活の中で学習が占める時間が増えていく時期である。TIMSSの調査によると、児童の学習への関心は、2003年や2007年よりも大きくなってきているが、学習は、児童個人だけの問題ではない。宿題や復習・予習など、親も児童の学習に積極的に関心を持つことが、学業成績の向上につながるといえる。また、小学校で親の学習への関心が少ない場合は、中学校に上がると成績の低下につながる可能性も考えられるため、児童期からの子どもの学習への関わりが、親にも求められる。

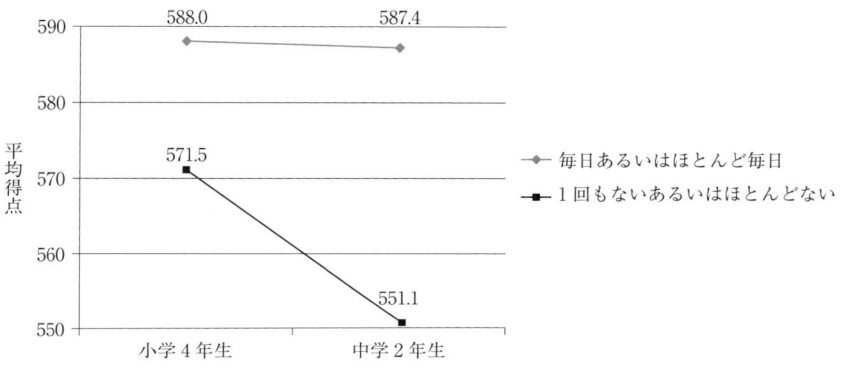

図表5-7　小学4年生と中学2年生の算数・数学の得点
（国立教育政策研究所ＩＥＡ国際数学・理科教育動向調査の2011年調査
〔TIMSS 2011〕より作成）

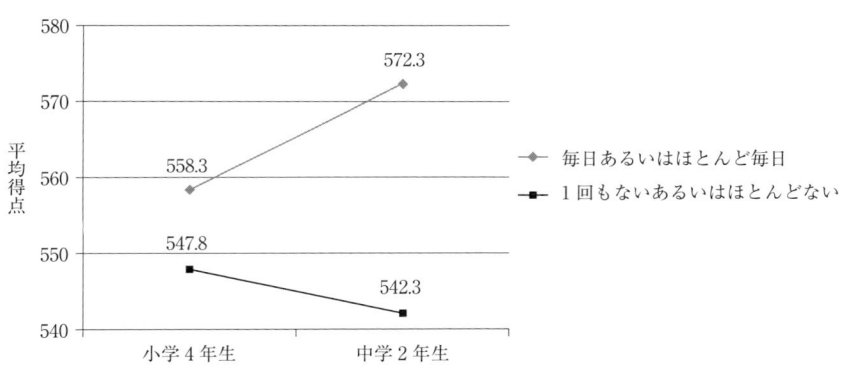

注）図表5-7と5-8の平均得点は、TIMSS 1995の得点と調整した上で、得点を平均500点、標準偏差100点とする分布モデルの推定値として算出されている。

図表5-8　小学4年生と中学2年生の理科の得点
（国立教育政策研究所ＩＥＡ国際数学・理科教育動向調査の2011年調査
〔TIMSS 2011〕より作成）

5）不登校といじめ

　児童期では、不登校、いじめ、虐待、発達障害などを抱える児童への、適切な理解と対応が必要である。その中でも、対人関係の側面から、不登校と

いじめを取り上げて、みていくことにする。

(1) 不登校

学校には、何らかの理由で行けなかったり、行かなかったりする子どもがいる。不登校は、病気や経済的な理由以外で、学校を欠席している状態を指すが、文部科学省により平成4年以降は、「心理的、情緒的、身体的、あるいは社会的要因・背景により、児童生徒が登校しないあるいはしたくともできない状況にあること（ただし、病気や経済的な理由によるものを除く）」という定義が用いられている。欠席の日数に関しては、平成10年度以降、連続または断続して年間30日以上の欠席で、不登校と扱われる。

文部科学省が行った、平成23年度の児童生徒の問題行動等生徒指導上の諸問題に関する調査によると、小学校における不登校児童の割合は、0.3％（304人に1人）であった。また、年間30日以上小学校を欠席した児童が不登校になったきっかけとして、「不安などの情緒的混乱」（33.4％）と「無気力」（22.4％）の割合が高かった。対人関係に関しては、「親子関係をめぐる問題」（19.8％）、「友人関係（いじめを除く）」（10.1％）、「教職員との関係」（3.3％）、「いじめ」（1.6％）の割合であった。

不登校は、情緒的な混乱や無気力といった、児童個人の問題が影響する割合が大きいが、個人だけの問題ではなく、対人関係の影響もみすごすわけにはいかない。特に、親子関係や友人関係といった児童期の対人関係が、不登校のきっかけと関係していることが明らかになっている。

(2) いじめ

いじめの状況については、文部科学省が昭和60年度から調査を開始しているが、とらえ方の見直しが行われてきている。平成18年度以降は、「一定の人間関係のある者から、心理的・物理的な攻撃を受けたことにより、精神的な苦痛を感じているもの。なお、起こった場所は学校の内外を問わない。」との定義が用いられている。それまでの定義では、「自分よりも弱い者に対して一方的に」というとらえ方が入っていたが、それが除かれている。つまり、従来は、力関係が対等な関係の者からの攻撃はいじめとはみなされなか

ったのが、現在は、対等な友だちから、からかわれたり、悪口をいわれたり、仲間はずれにされるなど、攻撃を受けた側が苦痛を感じていれば、いじめととらえられるようになっている。

文部科学省が行った、平成23年度の児童生徒の問題行動等生徒指導上の諸問題に関する調査によると、小学校におけるいじめの様態として、「冷やかしやからかい、悪口や脅し文句、嫌なことを言われる」(66%)、「仲間はずれ、集団による無視をされる」(22.6%)、「軽くぶつかられたり、遊ぶふりをして叩かれたり、蹴られたりする」(24.0%)といったものがみられた。

いじめられた児童が、誰に相談するかについては、「学級担任」が70.6%と最も多く、次に、「保護者や家族等」(34.1%)、「教職員（学級担任以外）」(9.3%)、「友人」(7.5%)であった。「誰にも相談していない」児童もおり、7.9%の割合だった。

(3) 不登校といじめの対応

文部科学省の平成23年度の児童生徒の問題行動等生徒指導上の諸問題に関する調査では、小学生の不登校は、学年があがるにつれて増加している。中学1年生の不登校生徒は、小学6年生の不登校児童の約3倍もいる。また、いじめの認知件数に関しては、中学1年生は、小学6年生の約3倍が認知されている。小学生では、高学年の方がよりいじめが認知されている。いじめはその特質上、大人（第三者）の目にはみえにくく、完全に発見することは不可能であるため、真の発生件数ではなく、教師が認知できた件数が数値としてあげられている（国立教育政策研究所生徒指導・進路指導研究センター）。

不登校やいじめの件数は、小学校よりも中学校で増加しているが、児童期である小学校の段階から、対策を講じておくことが重要である。文部科学省により、小学校における登校できるために効果のあった措置やいじめられた児童への対応について、学校への調査が行われている。

不登校の児童への対応として、「学校内での指導」「家庭への働きかけ」「学外の機関との連携」に分けられる。「学校内での指導」では、「友人関係を改善するための指導」(20.8%)、「教師との関係を改善」(24.7%)、「本人が

意欲を持って活動できる場を用意」(24.3％) といった、児童への直接的な働きかけがあげられる。また、「全ての教師が当該児童に触れ合いを多くするなどして学校全体で指導にあたる」(21.6％) や、「研修会や事例研究会を通じて全教師の共通理解を図る」(27.2％) といったように、学校全体で不登校の児童へ関わることも効果がある。さらに、「保健室等特別の場所に登校させて指導にあたる」(24.7％) のように、環境調整を行うことも対応の１つである。「家庭への働きかけ」では、「登校を促すため電話をかけたり迎えに行く」(36.9％)、「家庭訪問を行い、学業や生活面での相談に乗るなどの指導・援助」(32.5％) などがあげられる。不登校の改善には、児童の家族の協力が不可欠であることから、家庭との連携も学校には求められている。

いじめられた児童への対応では、「学級担任や他の教職員が状況を聞く」(96％) が最も多かった。他には、学級担任や養護教諭などの教職員やスクールカウンセラーが継続的に関わり、ケアやカウンセリングを行うことも、対応としてあげられる。また、「別室を提供したり、常時教職員が付くなどして心身の安全を確保」(3.4％)、「緊急避難としての欠席」(1.0％)、「グループ替えや席替え、学級替え等」(9.7％) など、不登校と同様に、いじめでも環境調整を行うことが必要な場合もある。

いじめの様態には、割合は少ないものの、「パソコンや携帯電話等で、誹謗中傷や嫌なことをされる」が児童期から起こっている。携帯電話の普及により、インターネットを介したネットいじめは、今後増加していくと考えられる。ネット上のいじめは、大人や教師の側からは、いじめの実態をみることができにくいといわれており（原）、ネットいじめの背景や要因を明らかにし、効果的な対応を講じていくことが必要である。

【引用・参考文献】
内田伸子（1989）『幼児心理学への招待―子どもの世界づくり』サイエンス社
國枝幹子・古橋啓介（2006）「児童期のおける友人関係の発達」『福岡県立大学人間社会学部紀要』15(1)、105-118頁
国立教育政策研究所生徒指導研究センター（2009）『生徒指導資料第１集（改訂版）

生徒指導上の諸問題と推移とこれからの生徒指導――データに見る生徒指導の課題と展望』ぎょうせい

国立教育政策研究所「IEA 国際数学・理科教育動向調査の 2011 年調査（TIMSS 2011）」

国立教育政策研究所生徒指導・進路指導研究センター（2013）『生徒指導リーフ　いじめの「認知件数」』Leaf. 11

杉森伸吉（2009）「学級集団」太田信夫編著『教育心理学概論』放送大学教育振興会

原清治（2011）「ケータイの利用実態といじめの今日的特質」原清治・山内乾史編著『ネットいじめはなぜ「痛い」のか』ミネルヴァ書房

東山明・東山直美（1999）『子どもの絵は何を語るか――発達科学の視点から』NHK ブックス

保坂亨・岡村達也（1992）「キャンパス・エンカウンター・グループの意義とその実施上の試案」『千葉大学教育学部研究紀要』第 1 部 40、113-122 頁

文部科学省「国際数学・理科教育動向調査（TIMSS 2011）」

文部科学省「平成 23 年度『児童生徒の問題行動等生徒指導上の諸問題に関する調査』結果について」

文部科学省「平成 23 年度体力・運動能力調査結果の概要及び報告書について」

文部科学省「学校保健統計調査――平成 24 年度（確定値）結果の概要」

吉川純一（2011）「メタボリックシンドローム」多田羅浩三・吉川純一『循環器病の健康科学』放送大学教育振興会

John, J. R. & Eric, H.（2008）*SPARK : The Revolutionary New Science of Exercise and the Brain*, Little, Brown and Company., 野中香方子訳（2009）『脳を鍛えるには運動しかない！――最新科学でわかった脳細胞の増やし方』NHK 出版

Moreno, J. L.（1953）*Who shall survive? A new approach to the problem of human interrelations.* NY: Beacon House.

Sullivan, H.S.（1953）*Conceptions of modern psychiatry.* W. W. Norton, New York., 中井久夫・山口隆訳（1976）『現代精神医学の概念』みすず書房

第6章 青年期の発達

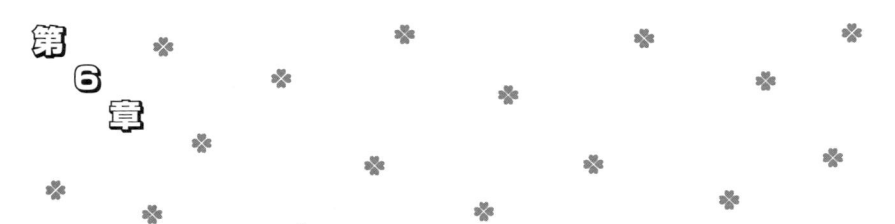

1 青年期の概要

　12歳頃から22歳頃までの中学生、高校生、大学生の時期を、青年期という。青年期は、学校教育を受けながら学業に取り組むとともに、友人関係を形成したり、人生や将来のことを考え、仕事に就くための準備をしていく時期である。声変わりや初潮など、身体の生理的な変化にも直面する。すなわち青年期は、心理的、社会的、身体的な変化が生じる、子どもから大人への過渡期といえる。

　青年期と似た用語として、思春期という語がある。思春期は、青年期の前半に位置づけられる時期とされている。厳密な違いとしては、青年期が心理・社会的な概念であるのに対して、思春期は、生殖のための生物学的な条件が整い始める時期を指す生物学的な概念である。身体の発達は、女子の方が男子よりも早く、思春期の到来は、女子で10～11歳、男子で12～13歳といわれている（遠藤）。

　青年期は、学校生活とともにその時期をすごすことになるが、青年期の終わりは、学校生活を終え仕事を始めるようになる時期、すなわち一般的には20歳代中頃までといわれている。心理社会的に成熟し経済的な自立を果たすことで、次の段階に移行していく。しかし近年、青年期が延び、20歳代後半や30歳代前半頃までを青年期としてすごす若者もいる。

　本章では、思春期を青年期の時期に含め、「身体の発達」「認知の発達」

「アイデンティティ」「仕事をすること」「青年期の心理社会的問題」の順に、青年期の発達をみていく。

2　身体の発達

1）第二次性徴

　青年期の前半の時期である思春期は、身体に変化が起こり、子ども自身も、そのことが目にみえて分かるようになる。性差を表現する特徴を性徴というが、第一次性徴は、胎児の時期に性別が決定され、生まれた直後に生殖器などに違いがみられることを指す。思春期は、第二次性徴が現れる時期であるが、第二次性徴とは、身体全体に及ぶ特徴であり、思春期以降に明瞭となる（赤井）。性ホルモンの作用により、例えば男子では、声変わりが起こる、ひげや陰毛が生える、精通が起こる、骨格や筋肉が発達するといったことである。女子では、乳房がふくらむ、月経が起こる、皮下脂肪が増加する、体型にまるみが出てくる、子宮などの性器が発育するといったことである。

　男子の精通（はじめての射精のこと）と女子の初経に関しては、日本性教育協会により 2011 年 10 月から 2012 年 2 月にかけて行われた第 7 回青少年の性行動全国調査で、結果が報告されている（高橋）。2011 年に 12 歳である男子の約 20% が精通を、女子の約 60% が初経を経験しており、思春期の入り口であるこの時期は、女子の方が性の生理的変化を経験している割合が高い。

　第二次性徴にみられる思春期の身体の生理的な変化は、子ども自身の意志だけではコントロールできないものである。身体の変化を受け入れるには、それに伴う心理的な発達も必要である。性に関する適切な教育をし、必要な情報を伝えるなど、家族や学校といった周りの大人は、性について子どもと向き合っていくことが大切である。

2）性 行 動

　前節でも取り上げた第7回青少年の性行動全国調査によると（財団法人日本児童教育振興財団内日本性教育協会）、デートや性交の経験についての調査も行われている。

　デートの経験率は、中学生、高校生、大学生へと年齢が上がるにつれて、増えていく（図表6-1）。大学生では男女差は少なく、7割以上がデートを経験している。高校生では男女に差がみられ、女子の方が高い。中学生では、2割以上がデートを経験している。2011年の大学生の男女、高校生の男女、中学生の女子のデートの経験率は、2005年よりも減少している。

　性交の経験率も、年齢があがるにつれて、増えていく（図表6-2）。大学生では、1974年から2005年にかけて、大幅に上昇している。男子では約3倍、女子では約6倍の増加である。高校生では、1993年から1999年にかけて、経験率の大きな増加がみられる。しかし、2011年の大学生と高校生はともに、2005年と比べて、経験率が減少している。中学生では、男女ともに約2〜4%で推移しており、性交の経験のある者は少数となっている。

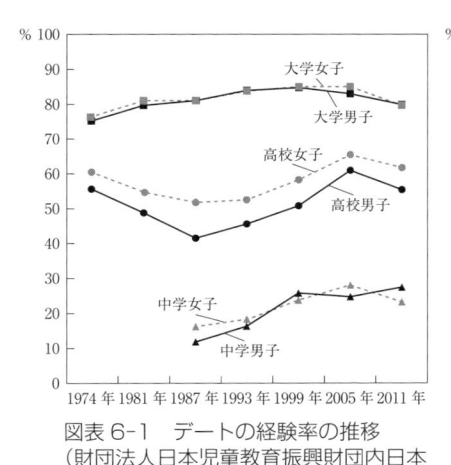

図表6-1　デートの経験率の推移
（財団法人日本児童教育振興財団内日本性教育協会、2012）

図表6-2　性交の経験率の推移
（財団法人日本児童教育振興財団内日本性教育協会、2012）

デートと性交の経験率の推移から分かる特徴は、2011年では、2005年の調査と比べて、性行動に関する経験率が減少していることである。この傾向については、識者によりいくつかの要因が指摘されている。自分がしっかりして仕事ができるようになってから、恋愛や性のことを考える若者が増えている（羽渕）、男子が望むから、女子は男子に合わせて性体験をしていたのが、男子が草食化して性交体験の減少が先に始まったという変化に伴い、女子も減少してきた（森岡）、ソーシャルメディアの発達でたくさんの人たちとつながるようになったが、人の目を気にして異性との付き合いが慎重になっている（原田）、といったものである。

　性行動や性に関する意識は、子ども自身の内面だけではなく、家族や友人関係、また、社会の状況の影響などを受けながら、今後も変化していくことが考えられる。

3　認知の発達

1）具体的操作期から形式的操作期へ

　前々章の乳幼児期の発達や、前章の児童期の発達で、ピアジェの思考の発達を取り上げた。児童期に入る6、7歳頃から、見た目の目立った特徴にとらわれず、論理的に物事を考えることができるようになる具体的操作期という時期に入る。児童期では、具体的な場面でなくなると思考することが難しいが、11、12歳頃の青年期前半である思春期に入る頃から、具体的な事物だけではなく、目の前にない抽象的な物事に対しても、論理的な思考ができるようになる。この時期を、形式的操作期という。

　形式的操作期の思考を用いる実験として、ピアジェによる液体の混合課題の実験がある（高橋）。1～4の透明の液体と、試薬gを適当に混ぜ合わせて、黄色い液体を作り出すことが課題である（図表6-3）。あらかじめ、1+3の入った容器、および2の容器を用意しておき、それぞれにgを加えて、状

第6章 青年期の発達

1. 希硫酸　2. 水　3. 過酸化水素　4. チオ硫酸塩　g. ヨウ化カリウム

液体の混合課題。液体はすべて透明である。また，1と3とgを混ぜる(1＋3＋g)と黄色くなりそれに4を混ぜれば(1＋3＋g＋4)また透明になる。課題は1〜4の4種類の液体と試薬(g)を適当に混ぜ合わせ，黄色い液体をつくり出すことである。

【具体的操作期の子どもの反応】 いきあたりばったりに液体を選んで混ぜ合わせる。混合した液体同士をさらに混ぜ合わせたりするので，偶然に黄色くなっても，それがどういった組み合わせによるのかわからなくなってしまう。

【形式的操作期の子どもの反応】 1＋g，2＋g，…といったように順番に組み合わせていく。また，場合によってはすでに試した組合せをメモしておくことによって重複を避ける。こうした方略を用いることによって，可能な組合せをすべて試してみることができる。

図表6-3　液体の混合課題の実験（高橋，1999：118）

態が異なるところをみせる。そして、子どもに行うように指示をする。正解は、1＋3＋gであるが（4は漂白作用があり、4を入れると黄色は消えてしまう）、具体的操作期の子どもは、行き当たりばったりに混ぜてしまう。また、順序立てて、1＋g、2＋g……と混ぜてみたり、1＋2＋g、3＋4＋gと混ぜてみることもあるが、正解が出せないとそれ以上考えることが難しい。また、偶然に正解が出せたとしても、どのような仕組みで黄色になるのかが分からない。それに対して、形式的操作期の子どもは、組み合わせを考え順番に混ぜ合わせたり、メモをとるなどして組み合わせをすべて試してみるといったことができるようになる。

　形式的操作期では、頭の中で論理的に仮説を立て、それを検証するといった、仮説演繹法を用いた思考が可能になる時期である。見た目に影響を受けたり、直観的に判断するといった思考も、日常生活の中では用いられるが、科学的なものの見方がこの時期から形成され、思考の枠組みに加わるようになる。

2）第二次反抗期

　幼児期である2〜3歳頃に、養育者のいうことを素直に聞かず反抗的な態度をとる時期が、第一次反抗期である。それに対して、青年期の前半である思春期に入ると、第二次反抗期が生じるようになる。第二次反抗期は、親や、時には自分を押さえつける教師や社会の権威一般に対して、攻撃、批判、嫌悪、苛立ちといった態度として現れる（伊藤）。それまでの時期と同じように自分と関わる親などに対して、不満や葛藤が生じ、反抗的な態度をとったり、衝突がみられる。自分の言動を自分の力で統制し、自立したいといった成長の現れでもあるのだが、親に依存したり甘えたいといった気持ちも併せ持っている。

　思春期は、第二次性徴という身体の変化が生じる時期であり、身体の変化を、大人になるために必然的に生じてくるものだと受け入れる子どももいれば、戸惑いや不安を感じる子どももいる。急激な身体の変化は、心理面や周りとの人間関係に影響を及ぼすことがあり、反抗期にみられる子どもの心の揺らぎとも関係している。反抗期には、既存の社会に反発し、自分をみつめ直すことをしていった結果、ある程度現実を受け入れ、自分らしく生きる道を主体的に選択できるという（髙木）、大人へと成長していくための心理的な意味がある。

4　アイデンティティ

1）アイデンティティとモラトリアム

　青年期は、エリクソンの心理社会的発達段階によると、アイデンティティの危機を乗り越え、アイデンティティを確立していくことが課題であるとされている。アイデンティティとは、エゴ・アイデンティティ（ego identity）のことであるが、日本語では自我同一性、自己同一性、同一性などと訳され

ている。アイデンティティは、「自分は何者か」「自分の目指す道は何か」「自分の人生の目的は何か」「自分の存在意義は何か」など、社会の中に自分を位置づける問いに対して、肯定的かつ確信的に回答しようとすることである（宮下）。これまでの自分をみつめ直し、大人になるために自分自身を新たに作り上げていこうとする過程で、心の中に作られる概念ともいえる。

アイデンティティは、容易に達成されるものではなく、心理社会的危機を保証するために、時間的な余裕が必要である。高等学校教育や大学教育は、アイデンティティ形成のための主要な場として、社会により提供され、この保護された時間の中で、さまざまな"実験"が行われる。エリクソンは、この時期の青年の心理的特徴を、モラトリアムという語で表した（鑪）。モラトリアムとは、戦争・天災・恐慌などの非常事態時に、経済的混乱を防ぐため、金銭債務の支払いを一定期間猶予させること、またその期間を指す法律用語である。

エリクソンは、モラトリアムを、青年期の心理社会的発達の過程で現れる特徴を指す語として用い、青年期が、社会的な責任や義務を果たさなくてもよい猶予期間である心理社会的モラトリアムの時期であると考えた。心理学的概念を生み出す研究者は、自分の経験と心理学的現実に深く負っていることがあり、アイデンティティとモラトリアムはともに、エリクソン自身の出自に根差しているといわれている（鑪）。

日本では小此木が、しらけ気分や遊び感覚、全能感、責任をとろうとしない姿勢を持ち、怠惰に青年期をすごす1970年代の青年の特徴を表わす言葉として、モラトリアム人間と名づけた（茂垣）。モラトリアムには、このように否定的な意味で用いられる場合がある。そのため、従来の大人になるまでの試行期間であるモラトリアムを「古典的モラトリアム」とよび、否定的な意味合いで用いられるモラトリアムと区別する見方もある。

2）自我同一性地位

エリクソンのアイデンティティの概念を発展させた研究として、マーシャ

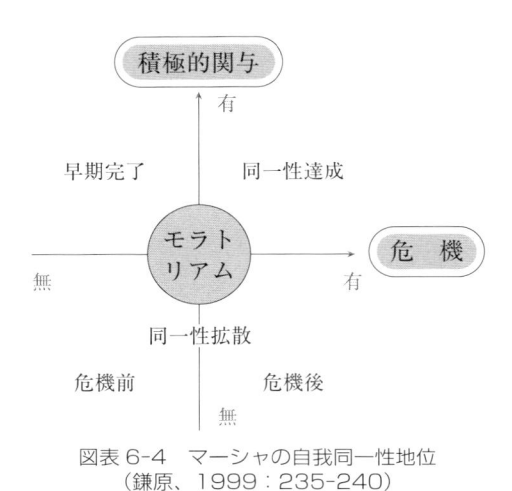

(Marcia, J. E.) による自我同一性地位（アイデンティティ・ステータス）の研究があげられる（鎌原）。マーシャは自我同一性を、危機（crisis）と積極的関与（commitment）という2つの次元を組み合わせて、アイデンティティ（同一性）達成、モラトリアム、早期完了（フォークロージャー）、アイデンティティ（同一性）拡散の4つの状態に区別した（図表6-4）。

図表6-4　マーシャの自我同一性地位
（鎌原、1999：235-240）

　危機とは、心理社会的危機の経験状況のことであり、自分の生き方について、迷ったり、悩んだり、可能性を探したかどうかということである。積極的関与とは、ある特定の活動に対して積極的に取り組もうとしているかということであり、傾倒とも訳される。

　アイデンティティ達成は、危機と積極的関与をともに経験しており、自分なりの答えや進むべき道を見出している状態である。モラトリアムは、危機と積極的関与の真っ直中にあり、自分なりに努力しようとしているが、方向性をまだ見出すことができていない状態である。さまざまな活動を、"実験的"に行っているといえる。早期完了は、積極的関与を経験しているが、危機を経験していない。例えば、親の仕事をみて、自分も同じ仕事を行うことに疑問を感じず、その方向に進むことを決めている場合などである。自分と親の目標に不協和が生じていない状態であるが、融通がききにくく、硬さのような印象を与える。アイデンティティ拡散は、積極的関与を経験しておらず、危機を経験していない状態（危機前拡散）と経験している状態（危機後拡散）に分けられる。危機前拡散は、アイデンティティを確立していくための課題に直面していない状態であり、危機後拡散は、迷いや悩みを持ち、試行

錯誤を行っているが、関与したいものを見出すことができていない状態である。危機前拡散と危機後拡散はともに、青年期の心理社会的課題を乗り越えることができていない段階である。

問題意識を持ち、悩みや葛藤を抱え、試行錯誤を繰り返しながら、自分なりに答えをみつけて問題を乗り越えていくことが、青年期におけるアイデンティティの達成にとって重要なことである。

5　仕事をすること

1）青年期の進路

青年期の進路について、文部科学省により行われた平成25年度学校基本調査によると、平成25年3月に高校を卒業した者のうち、大学等進学率（大学の学部・通信教育部・別科、短期大学の本科・通信教育部・別科、高等学校・特別支援学校高等部の専攻科への進学者）は53.2％、就職率が17％の割合となっている。大学の学部に限ると、進学率は47.3％であり、高校生の約2人に1人が大学に進学するという状況である。平成25年3月に大学を卒業した者の状況をみると、就職率が67.3％、大学院等（大学院研究科、大学学部、短期大学本科、大学・短期大学の専攻科、別科）への進学率が11.3％である。平成15年3月に大学を卒業した者の進学率は11.4％であり、この10年間の大学院等への進学率はほぼ横ばいである。

2）就職活動

青年期後半では、学生生活を終え、社会人として仕事をすることが課題となる。仕事をするためには、就職活動を行わないといけないが、日本の企業の採用は、新卒一括採用という雇用方式が一般的になっている。新卒一括採用とは、卒業予定の学生（新卒者）を一括して求人し、在学中に採用試験を行って内定を出し、卒業後すぐに勤務させる方式である。新卒一括採用のメ

リットは、採用方式が低コストで済み、採用した人材を企業内で教育することで、企業の社風に見合った育成ができることなどである。新卒一括採用は、年功序列制度（勤務年数や年齢があがると、役職や賃金も上昇する人事制度）や、終身雇用制度（企業が社員に対して、学校を卒業し入社してから定年まで雇用し続ける正社員雇用の慣行）とセットになった日本の雇用形態の特徴ともいえる。経済の成長が続き、労働力人口が増え、企業の経営が安定しているという社会背景の中で、新卒一括採用、年功序列制度、終身雇用制度は機能しやすいといえる。新卒一括採用のデメリットとしては、大学在学中に就職が決まらず、卒業したために新卒ではなくなって既卒になると、正規の社員になることができる可能性が下がり、生活が不安定な青年が出てくるという問題である。また、大学在学中に就職活動を行って採用試験を受けるため、大学の授業を欠席するという事態が生じる。

3）仕事の形態

　正規雇用で働く者は、正規の社員や正社員とよばれる。正規雇用は、雇用期間の定めがなく、年功序列制度や終身雇用制度をとる形態が多い。健康保険、厚生年金保険、労働保険、雇用保険、年次有給休暇などの法定内福利厚生や、企業が独自で設けている社員寮や住宅手当てなどの法定外福利厚生といった、給与以外のサービスを受けることができる。身分が保証され安定して仕事に打ち込むことができるが、企業の経営の悪化などにより、退職を要求されたり、解雇される場合もある。

　非正規雇用とは、正規雇用以外の雇用のことで、期間を定めた雇用契約により、正規の社員よりも短い時間で働くことが多い形態である。非正規雇用には、契約社員、嘱託社員、派遣社員、パートタイマー、アルバイトといった雇用の形態がある。非正規雇用は、複数の仕事を行って経験を積むことができる、自分の都合に合わせて仕事の時間を調整できるなどのメリットがある。しかし、正社員に比べると低賃金の場合が多く、継続勤務をしても昇給や昇進がほとんどなく、福利厚生を企業から受けることができにくい。キャ

リアやスキルアップをするにも、企業の支援が得られにくく、自身の経済的負担で行わなければならないことが多い。

労働政策研究・研究機構により平成19年に行われた若年者の就業状況・キャリア・職業能力開発の現状（平成19年版「就業構造基本調査」特別集計）では、雇用形態別の収入についての調査が行われている。正社員（グラフ：左）、パート・アルバイト（グラフ：真ん中）、その他非正社員（グラフ：右）の平均年収についてみてみると、25～29歳では、正社員の男性は354.2万円、女性は312.2万円である。パート・アルバイトの男性は141.4万円、女性は124.4万円、その他非正社員の男性は248.0万円、女性は218.1万円である（図表6-5）。40～44歳では、正社員の男性は659.2万円、女性は512.2万円である。パート・アルバイトの男性は189.6万円、女性は110.6万円、その他非正社員の男性は328.2万円、女性は195.0万円である（図表6-6）。

正社員は、年齢が上がると収入も増加しているが、パート・アルバイトは増加が少なく、横ばい状態となっている。その他非正社員は増加しているが、正社員と比べると、増加額は少ない。25～29歳でも、正社員と、その他の

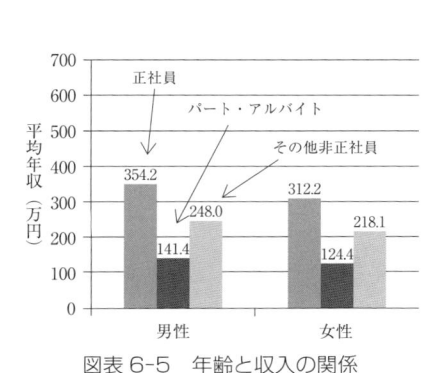

図表6-5　年齢と収入の関係
（25～29歳）
（独立行政法人労働政策研究・研究機構「若年者の就業状況・キャリア・職業能力開発の現状―平成19年版『就業構造基本調査』特別集計」より作成）

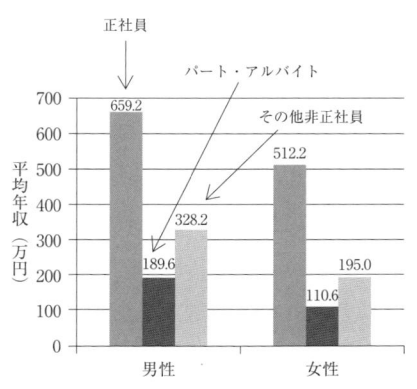

図表6-6　年齢と収入の関係
（40～44歳）
（独立行政法人労働政策研究・研究機構「若年者の就業状況・キャリア・職業能力開発の現状―平成19年版『就業構造基本調査』特別集計」より作成）

雇用形態との間に収入の差が生じているが、40〜44歳になると、収入の開きがさらに大きくなっている。年を重ねるほど、正規雇用と非正規雇用の収入の格差が生じているのが実態である。

6　青年期の心理社会的問題

1）心理社会的不適応

　青年期前半の思春期の時期から、青年期後半にかけての心理社会的問題としてどのようなものがあるか、また、心理社会的に不適応を起こさずに、社会の中で青年期を乗り越えていくためには、どのようなことが重要であろうか。

　宮台によると、人が幸せに生きていくためには、尊厳（自尊心・自己価値ともいう）が必要であるという。尊厳とは、人生でうまくいかないことがあっても、自分はそこにいてよい、生きていてよい、他者に受け入れられている存在だと思えることである。尊厳は、他者から承認されることで築かれていく。試行錯誤や失敗をすることがあっても、他者が承認してくれることで、尊厳を得て、安心した気持ちを持って頑張ろうという気持ちが生じる。社会的に成長していくためには、こういったよい循環が必要である。しかし、宮台によるとこの循環がうまくいかなくなると、大きく分けて、アダルトチルドレン、ひきこもり、脱社会的存在という3つのタイプの人間が出てくるといわれている。

　アダルトチルドレンタイプは、周りからの期待に過剰に反応する。他者からの承認を得たい、気に入られたいという思いから、よい子を演じたり、周りに遠慮して自分の意見がいえなくなってしまう。ひきこもりタイプは、他者に承認してほしい気持ちが強いが、周りからの期待と自分の能力の落差に直面する状況に陥る。現実よりも理想が高く、失敗するのがこわくなり、試行錯誤に踏み出せなくなる。社会からひきこもってしまう場合もある。脱社

会的存在タイプは、社会から離脱して、他者からの承認を必要とせず、他者たちの存在が無関連である。他者を通して尊厳や承認を経験することができず、社会的には重篤な危険や罪を犯す場合もある。

2）就労と心理社会的不適応

青年期後半では、心理社会的不適応に就労という問題が加わる。本田は、就労の状況から青年を区分し、その中でも不安定層と不活発層に関しては別個に把握し、それぞれに対して適切な対応や施策が必要であることを指摘している（図表6-7）。

不安定層とは、安定した形で働きたいという志向を持っているにもかかわらず、それを実現できていない人たちのことをいう。不安定層には、フリーター、求職型（失業者）、非求職型が含まれる。求職型（失業者）は、仕事に就こうとする積極的な行動をとっていても就けないグループであり、非求職型は、働く意欲はあるが、求職活動をしていないグループである。この3つのグループは、安定した就業機会からの不足という同じ背景から生み出されているという特徴があり、それぞれを行き来している場合も多い。不安定層に対しては、青年を社会へ送り出す学校教育機関と企業との関係性を変えていくこと、一度学校を離れた後も、何度でも学び直しが可能であり、個々人

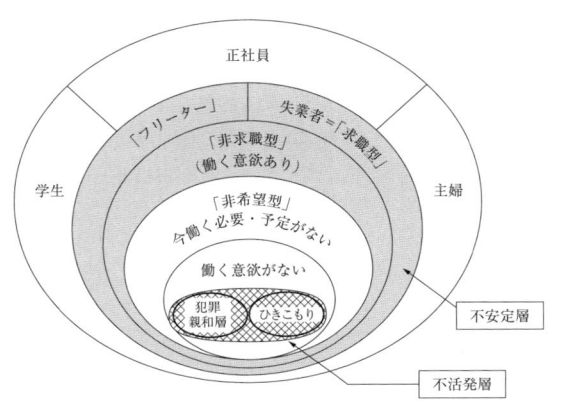

図表6-7 就労状況による分類（本田、2006：62）

の生活状況に合わせた多様な働き方が選択できるように、労働市場を柔軟に機能させることが必要であると、本田は述べている。問題の原因を青年自身や家庭に押しつけず、労働市場の設計という位相で議論されるべき問題である。

　不活発層は、複雑に絡み合った成育歴上の困難があり、自分自身の中に閉じこもって深く考えこむグループであるひきこもりと、社会経済的にかなり低い階層であり、犯罪的・逸脱的な行動との親和性が高い犯罪親和層に分けられる。不活発層の特徴は、家庭の不和や貧困、友人関係がうまくいかない、勉強に熱心になれない、学校を中退して社会に受け入れてもらえないなどの理由で、人生経験の中で負の連鎖に巻き込まれていることである。不活発層は、宮台のいうアダルトチルドレン、ひきこもり、脱社会的存在タイプといった心理社会的不適応の状態とも重なっていると考えられる。不活発層への対応としては、経済面などの生活への社会的支援だけではなく、心理的な支援も必要である。

　青年期は、身体の変化に始まり、アイデンティティを確立し、自分に見合った仕事をみつけるという、人生にとって大きな変化を経験する時期である。青年期の心理社会的発達過程を理解しておくことが、青年期を乗り越えていくためには重要である。

【引用・参考文献】
赤井誠生（1999）「性徴」中島義明ほか編『心理学辞典』有斐閣
伊藤美奈子（2013）「思春期」日本発達心理学会編『発達心理学事典』丸善出版
遠藤利彦（1995）「性的成熟とアイデンテイティの模索」久保ゆかり・無藤隆・遠藤利彦『現代心理学入門2　発達心理学』岩波書店
小此木啓吾（1978）『モラトリアム人間の時代』中央公論社
鎌原雅彦（1999）「人格発達の基礎」鎌原雅彦・竹綱誠一郎『やさしい教育心理学』有斐閣アルマ
財団法人日本児童教育振興財団内日本性教育協会編（2012）「第7回『青少年の性行動全国調査』（2011年）の概要」『現代性教育ジャーナル』No.17
齊藤誠一（2011）「思春期における体と心の乖離」『児童心理―思春期のこころ』

No.939　金子書房
髙木典子（2005）「子どもの発達課題と特徴」塩見憺朗・長尾和英編著『愛の子育て——子ども学のすすめ』昭和堂
高橋登（1999）「学童期」山本利和編『現代心理学シリーズ7　発達心理学』培風館
高橋征仁（2013）「欲望の時代からリスクの時代へ——性の自己決定をめぐるパラドクス」財団法人日本児童教育振興財団内日本性教育協会編『「若者の性」白書——第7回青少年の性行動全国調査報告』小学館
鑪幹八郎（2002）『鑪幹八郎著作集1　アイデンテイティとライフサイクル論』ナカニシヤ出版
独立行政法人労働政策研究・研究機構「若年者の就業状況・キャリア・職業能力開発の現状——平成19年版『就業構造基本調査』特別集計」
羽渕一代（2012）「恋愛より進路・仕事」朝日新聞（2012年9月1日）
原田曜平（2012）「『ネットの目』行動縛る」朝日新聞（2012年9月1日）
本田由紀（2006）「『現実』——『ニート』論という奇妙な幻影」本田由紀・内藤朝雄・後藤和智『「ニート」って言うな！』光文社
宮下一博（1999）「アイデンティティ」中島義明ほか編『心理学辞典』有斐閣
宮台真司（2008）『14歳からの社会学——これからの社会を生きる君に』世界文化社
茂垣まどか（2013）「モラトリアム」日本発達心理学会編『発達心理学事典』丸善出版
森岡正博（2012）「『男は肉食』圧力減る」朝日新聞（2012年9月1日）
文部科学省「学校基本調査——平成25年度（速報）結果の概要」
Marcia, J. E. (1966) Development and validation of ego-identity status. *Journal of Personality and Social Psychology*, 3, 551-558.

第7章 青年期以降の発達（生涯発達）

1 生涯発達

　発達とは、精子と卵子が受精することで人が生まれてから、死に至るまでの間に生じる、質的・量的な変化の過程である。成人期の頃までは、形態や機能、生殖能力が増大するため、従来はこの時期までを発達ととらえられていた。しかし、現代の発達心理学は、人は生涯にわたって多様に変化し、生涯全体を通した発達過程に着目するという意味で、青年期以降の、成人期、中年期、老年期といった時期も発達段階の中に加えられ、生涯発達（lifespan development）という視点が取り入れられている。

　年齢を重ねるにつれて、病気になるなどの生物学的な側面は低下していくが、社会で果たすべき責任や役割は大きくなっていく。自分自身に関心を向けるだけではなく、次の世代を育てるということにも関与していくことになる。心理社会的に、かつ生物学的に、青年期以降の時期に適応していくためには、それまでの発達段階をどのようにしてすごし、発達課題をどう乗り越えてきたかが問われることになる。その意味では、発達とは生涯続くものといえる。

　本章では、青年期以降の発達段階である成人期、中年期、老年期の発達課題を中心に、また、行政や関連機関の調査結果を取り上げながら、それぞれの特徴についてみていくことにする。

2　成人期の発達

1）青年期から成人期への移行

　成人期とは、20歳代後半から40歳代頃までの時期を指す。エリクソン（Erikson, E. H.）の心理社会的発達段階では、親密性と孤立という発達課題が重視されている。親密性とは、自分が他者とは異なることを認め、特に異性との深い関係を作り上げていくことであり、孤立とは、自分の中に閉じこもり、他者との関わりを持たないことである。成人期は、就職や結婚などによる生活様式の変化が生じる時期であり、孤立するのではなく、周囲との親密な関係を作ることが必要とされる。アイデンティティを確立することが課題であった青年期は、自分自身へ関心の方向が向いていたが、成人期になると、視野を広げ、周囲へと目を向けていく時期になる。また、ハヴィガーストによる発達課題では、配偶者を選ぶ、配偶者との生活を学ぶ、子どもを育てる、職業に就く、市民的責任を負う、適した社会集団をみつける、といった課題があげられている（髙木）。

　平成17年2月に内閣府により行われた社会意識に関する世論調査（20歳以上の男女が回答）では、「青年の成長や自立のために必要なことは」という質問に対して、「安定した仕事をもつ」「子育てをする」「結婚をする」の順に多くなっている。青年期から成人期へ移行していくに当たっては、仕事、結婚、子育てというライフイベントが、生活の中に占める割合が大きくなっていくといえる。

2）仕事・結婚・子育て

（1）仕事と個人生活

　仕事を始めると、仕事以外の自分のことに用いる時間と、仕事の時間とを使い分け、仕事と個人生活を両立させていくことが課題の一つとなる。先に

第7章　青年期以降の発達（生涯発達）

取り上げた内閣府による社会意識に関する世論調査によると、20歳から39歳のうち約6割の者が、仕事、家事、個人生活のバランスについて満足しているが、そのためには、生活の中で趣味を持つことを重視している。また、「仕事と個人生活をバランスよく両立させるためにはどのような活動に時間をとりたいか」という質問では、20歳代では友人との付き合い、30歳代では家族の団らんに時間を使いたいと回答した割合が多くなっている。青年期から成人期にかけて、結婚をして配偶者や子どもが家族に加わり、友人だけではなく、新しくできた家族にもより目を向けるようになるという成人期の特徴が、実際のデータを通して明らかになっている。

(2) 結　　婚

結婚に関して、厚生労働省の人口動態調査によると、初婚の平均年齢の推移では、男性は、1980年が27.8歳であったのが、2004年には29.6歳に、同じく女性は25.2歳から27.8歳へそれぞれ上昇している（図表7-1）。年齢別では、割合が20歳代で低下し30歳代で上昇していること、生涯未婚率は、

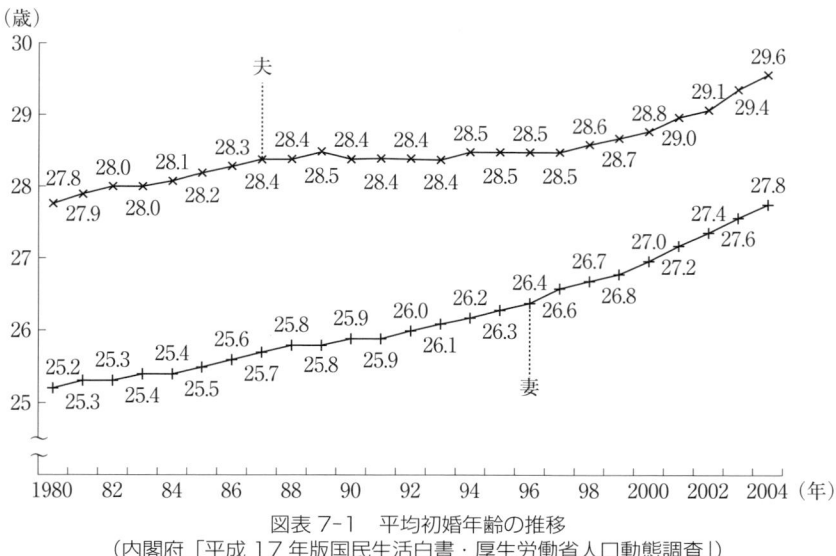

図表7-1　平均初婚年齢の推移
（内閣府「平成17年版国民生活白書・厚生労働省人口動態調査」）

2000年の男性が12.57％、女性が5.82％であり、近年未婚率が高まっていることが分かっている。これらのことから、晩婚化と未婚化が進んでいるといえる。

結婚する意思のある未婚者が、結婚相手に求める条件として、男女とも「人柄」「家事・育児の能力」「自分の仕事への理解」の順に多かった（国立社会保障・人口問題研究所同上調査）。女性では、経済力を4割以上の者があげており、男性の経済力や職業への関心が高いことが特徴である。

厚生労働省の少子化に関する意識調査（2004年）において、20歳から49歳の独身の男女に対する、「結婚のよくない点・デメリットは何か」との質問では、男女ともに「自分の自由になる時間が少なくなる」「行動が制限される」「自分の自由になるお金が少なくなる」といった、自由を制限されることに関する内容の割合が高かった。男女別の違いでは、女性では「義父母や親戚など人間関係が複雑になる」「家事に縛られる」といった家族関係や家事に関すること、男性では「家族扶養の責任が生まれる」をあげた回答が多かった。

(3) 子 育 て

2000年の時点において、結婚後子どものいない世帯は、世帯主が20〜29歳では35.0％、30〜39歳では18.6％であった。特に30〜39歳の世帯は、1970年の約2倍になり大幅に増加している。妻の年齢が20〜49歳の子どもを有する世帯では、子ども1人が31.0％、2人が49.5％、3人以上が19.5％であった（総務省「国勢調査」）。これらの調査では、今後も子どもを産む可能性のある世帯があるため、確定した数値ではないが、子どものいる世帯が減少しており、少子化が進んでいるということはいえるだろう。

結婚生活を営み、子育てをしていくためには、自分自身の時間とのバランスのとり方、複雑になる人間関係、経済面など、さまざまな問題を解決したり折り合いをつけながら、結婚や子育てを自分の人生の中にどう組み込んでいくかを考えていくことが必要になる。また、仕事をしながら結婚生活や子育てをする場合、仕事の労働条件と家庭生活のバランスがうまくとれる場合

第 7 章　青年期以降の発達（生涯発達）

はよいが、転勤、給与、労働時間、仕事のやりがいなどの理由で、家庭生活との両立に支障をきたすことが生じることもある。厚生労働省による 21 世紀出生児縦断調査（平成 22 年出生児）では、第 1 子を出産する 1 年前に仕事をしていた女性のうち、出産半年後に無職になった割合は 54.1% であった。理由は、「育児に専念したいため、自発的にやめた」「仕事を続けたかったが、両立が難しいのでやめた」「解雇された、退職勧奨された」などがあった。仕事をしながら第 1 子を出産した女性の 2 人に 1 人は、出産により仕事をやめていることが明らかになっている。仕事、結婚、子育ては、個人の心理的な側面に着目するだけではなく、その時代の社会状況など、社会学的な観点とも結びつけて考えていくことも重要である。

3）成人期以降の知能

　成人期は、知能の変化の分岐点となる時期である。知能に関しては、さまざまなとらえ方がなされているが、ここでは、キャッテル（Cattell, R. B.）が分類した流動性知能と結晶性知能という知能から、成人期以降の知能について論じる。流動性知能（fluid intelligence）とは、新しい内容を学習したり記憶したり、情報処理の速度や、新たな環境に適応することに関係する能力である。生得的な知能であり、経験の影響を受けることが少ない。結晶性知能（crystallized intelligence）とは、一般常識、知識や理解といった言語処理、判断力などをもとにして、日常生活に対処する能力である。これまでの経験や、環境や文化の影響が大きい。

　流動性知能は、30 歳代から 60 歳代頃まではピークのまま維持されるが、老年期以降は、急速に低下していく。それに対して、結晶性知能は、60 歳代頃までは徐々に上昇し、老年期以降は緩やかに低下していくが、老年期に入っても、青年期に近い能力が維持されている。

　このように、認知面である知能に関しては、成人期以降において、すべての知能が低下していくのではなく、維持し続ける知能が存在する。これは、人は生涯に渡って、教育を受けたり学習していくことが可能であることを示

している。知能の特性を踏まえて、それぞれに見合った学習を行ったり、経験を蓄積していくことが大切である。

3　中年期の発達

1）中年期とは

　中年期とは、40歳代頃から65歳頃までの時期を指す。エリクソンの心理社会的発達段階では、生殖性と停滞という発達課題があげられている。生殖性とは、子育てや次の世代を育てることであり、世代を継承していくことである。生殖性の課題に失敗すると、自分中心に振る舞ったり、意欲が低下するなど心身ともに停滞した状態に陥ってしまう。

　中年期までは、人生の上り坂であり、中年期は、比較的安定した人生の時期であると考えられてきた。子どもの時は、大人になればきっと悩みもなく、立派な人間になれるのではないかと思ったかもしれない。しかし近年は、会社からのリストラ、経済苦による自殺、長年連れ添った配偶者との離婚など、大人となった中年期においても、子ども時代とはまた違った苦労が積み重なる時代である。

　社会的地位の上昇、一定の経済的水準の達成、子どもの成長など、肯定的な変化も生じるが、老年期に向かうにつれて、身体の衰えや限界を感じるようになったり、うつ病などの精神疾患に罹るといった状況に陥ることもある。喪失や衰退とどう向き合っていくのかが、中年期の課題といえる。また、親が高齢となり、親の看取りも行わなければならない。中年期においても大きな変化を経験するが、これまでの時期とは次元の違う変化である。

2）中年期における家族

　家庭とは、どのような意味を持つのだろうか。内閣府が平成18年10月に行った国民生活に関する世論調査（20歳以上の男女が回答）による「家庭はど

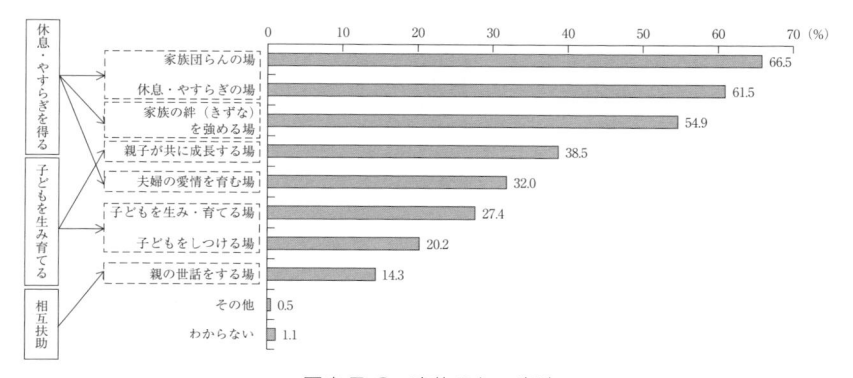

第7章　青年期以降の発達（生涯発達）

図表7-2　家族のもつ意味
（内閣府「平成19年版国民生活白書・内閣府国民生活に関する世論調査（平成18年10月）」）

カテゴリ	項目	割合(%)
休息・やすらぎを得る	家族団らんの場	66.5
休息・やすらぎを得る	休息・やすらぎの場	61.5
休息・やすらぎを得る	家族の絆（きずな）を強める場	54.9
子どもを生み育てる	親子が共に成長する場	38.5
子どもを生み育てる	夫婦の愛情を育む場	32.0
子どもを生み育てる	子どもを生み・育てる場	27.4
子どもを生み育てる	子どもをしつける場	20.2
相互扶助	親の世話をする場	14.3
	その他	0.5
	わからない	1.1

のような意味をもっているか」という質問では、「家族団らん」(66.5%)、「休息・やすらぎ」(61.5%)、「家族の絆を強める」(54.9%) の順であった（図表7-2）。これらは、休息ややすらぎを得るための家族の役割であるといえる。さらに、「親子が共に成長する」(38.5%)、「子どもを生み・育てる」(27.4%) といった役割や、「親の世話をする」(14.3%) といった相互扶助の役割を、家族は果たしていることが分かる。家族を持つ意味は、夫婦の愛情や経済的に支え合うだけではなく、やすらぎや成長などの心理的側面の影響も大きいといえる。

3）中年期の危機

(1) 離　　婚

　厚生労働省の平成21年度「離婚に関する統計」をみると、離婚件数の年次推移では、昭和25年以降、減少した時期はあったものの、全体的には平成14年まで増加している。その後やや減少し、平成20年は25万組となっている。同居をやめた時の年齢階級別離婚率では、成人期が最も高く、ついで中年期の時期となる。最高裁判所事務総局がまとめた平成24年の司法統計年報によると、離婚の申し立ての動機別割合は、夫と妻ともに、「性格が

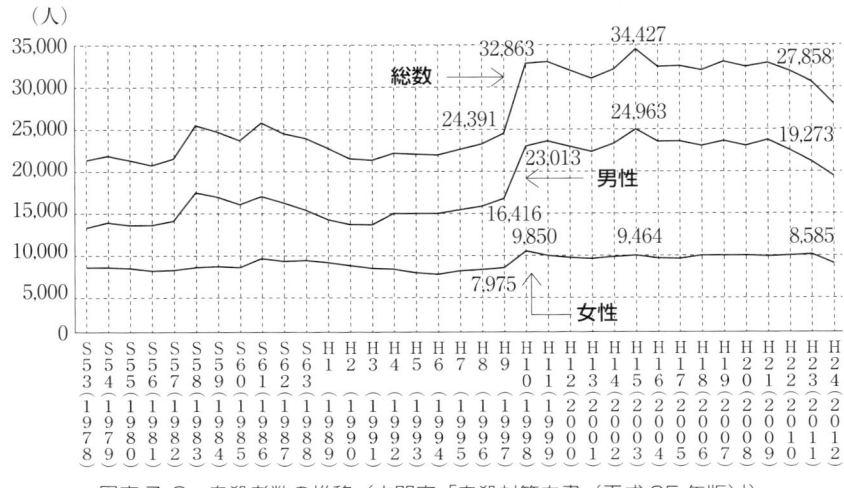

図表 7-3　自殺者数の推移（内閣府「自殺対策白書（平成 25 年版）」）

合わない」が最も多い動機である。

（2）自　　殺

警察庁の自殺統計をもとに、内閣府は自殺対策白書を作成している。平成25 年版によると、自殺者は、平成 10 年以降 3 万人を超える状態が続いており、平成 23 年の自殺者数は、年間で 3 万 651 人であった。平成 24 年は 2 万7858 人となり、15 年ぶりに 3 万人を下回った（図表7-3）。平成 24 年の年齢階級別の自殺者数は、40 歳代以上は低下傾向にあるが、40 〜 59 歳の自殺者は約 1 万人であり、全自殺者の約 3 分の 1 という高い割合を占めている。自殺の原因・動機に関しては、「健康問題」が最も多く、次に「経済・生活問題」である。

（3）中年期の心身の変化

中年期の心身の変化として、岡本は、身体的変化、家族ライフサイクルからみた危機、職業人としての危機に分けて論じている。

身体的変化では、体力の衰え、生活習慣病の罹患率の上昇、性機能の低下といった下降的変化が生じる。女性はほぼ 45 〜 55 歳の時期に閉経を迎え、

ホルモンバランスの乱れに伴い身体的、精神的な不調が生じ、更年期障害に罹ることもある。

　家族ライフサイクルからみた危機では、先に取り上げた離婚もその一つである。家族の役割には、「休息・やすらぎを得る」「子どもを生み育てる」「相互扶助」「生活の糧を得る」という4つの役割があるといわれている（内閣府「平成19年版国民生活白書」）。これらの役割をもとに夫婦関係を築くことができない場合、「熟年離婚」といった中年期の離婚を経験せざるを得ない状況になることもある。また、中年期になると、子どもが成長し自立していくことで、親としての役割を喪失し無力感や抑うつ状態に陥ることも起こり得るが、このような状態は、空の巣症候群（empty nest syndrome）といわれる。年老いた親の介護や看取りを行うことも、中年期には生じる。中年期では、自身の身体的喪失感を伴いながら、家族関係の変化にも柔軟に対応していかなければならない。

　職業人としての危機では、急速な技術革新、企業の合併や倒産、職場の対人関係、配置転換、終身雇用制度や年功序列制度といった雇用形態の変化など、労働環境の変化に対する対応が求められている。先に取り上げた自殺では、40〜60歳における平成24年の自殺者は年間で約1万人もおり、経済・生活問題を苦に自殺をしている割合も高い。

　しかし中年期では、これらの危機を契機として、これまでの生き方を見直し人生の目標を再設定したり、配偶者や子どもとの関係を築き直したり、健康への関心を高めたりといった、生き方や働き方の軌道修正を行うことができる時期でもある。青年期に確立したアイデンティティを再構築する過程であると、とらえることができる。岡本は、中年期のアイデンティティの再体制化のプロセスとして、身体感覚の変化の認識に伴う危機期（第1段階）、自己の再吟味と再方向づけへの模索期（第2段階）、軌道修正・軌道転換期（第3段階）、アイデンティティ再確立期（第4段階）という、4つの特徴的な段階を見出している。

　中年期においては、危機に遭遇するだけではなく、成人期から中年期にか

けて、心理・人格的側面に連続性や安定性があると報告されている研究もあり、中年期の心理・人格的変化が普遍的な現象なのかどうかに関しては、研究者間においても見解が分かれている（遠藤）。各個人の状況と、普遍的な現象を照らし合わせて、ともにみつめ直しながら、中年期を生きていくことが大切ではないかといえる。

4　老年期の発達

1）老年期とは

　世界保健機関（WHO）の定義では、65歳以上の人のことを高齢者としている。また一般的に、65歳以上75歳未満を前期高齢者、75歳以上を後期高齢者と区分することもある。ここで取り上げる老年期とは、65歳頃以降の高齢者の時期である。

　日本における老年期人口に関して、総務省の統計によると、65歳以上の高齢者人口は3186万人（平成25年9月15日現在推計）で、総人口に占める割合は25.0％となり、人口・割合ともに過去最高となっている（総務省統計トピックス）。すなわち、全人口の4分の1が高齢者である。男女別では、男性が1369万人、女性が1818万人である。年齢階級別では、70歳以上の人口は2317万人（総人口の18.2％）、75歳以上の人口は1560万人（同12.3％）、80歳以上の人口は930万人（同7.3％）となっている。国立社会保障・人口問題研究所の推計では、高齢者人口の割合は今後も上昇を続け、平成47年には33.4％となり、3人に1人が高齢者になると見込まれている。

　老年期の心理社会的発達課題について、エリクソンは、統合と絶望という課題をあげている。老年期になると、身体の衰え、仕事の退職、収入の減少、配偶者、同胞、友人の死などに直面することになる。しかし、人生の最終段階においては、絶望することなく、身体的精神的機能の衰えとのバランスをとりながら、自分らしい生き方をするために、それ以前の心理社会的課題を

第7章　青年期以降の発達（生涯発達）

取り入れ、その年齢にふさわしいやり方で再編成をするといった、人生の統合を図ることが課題となる（鑪）。

2）老年期における社会・健康問題

(1) 死　因

死因に関しては（図表7-4）、結核に代わって、1951年から1980年までは脳血管疾患が最も多かったが、1981年より悪性新生物が最も多くなり、全死亡人口の約3割を占めるまでになっている。悪性新生物と、心疾患や脳血管疾患といった循環器病が、日本の2大死因となっている（多田羅・吉川）。

(2) 高齢者虐待

「高齢者虐待の防止、高齢者の養護者に対する支援等に関する法律」が、平成18年4月1日から施行されているが、高齢者虐待とは、家庭や介護施設内で高齢者の人権を侵害する行為であり、身体的虐待、心理的虐待、性的虐待、経済的虐待、介護・世話の放棄・放任があるとされている。平成23年度は、高齢者への虐待が1万6750件あり（家庭介護者が1万6599件、養介護

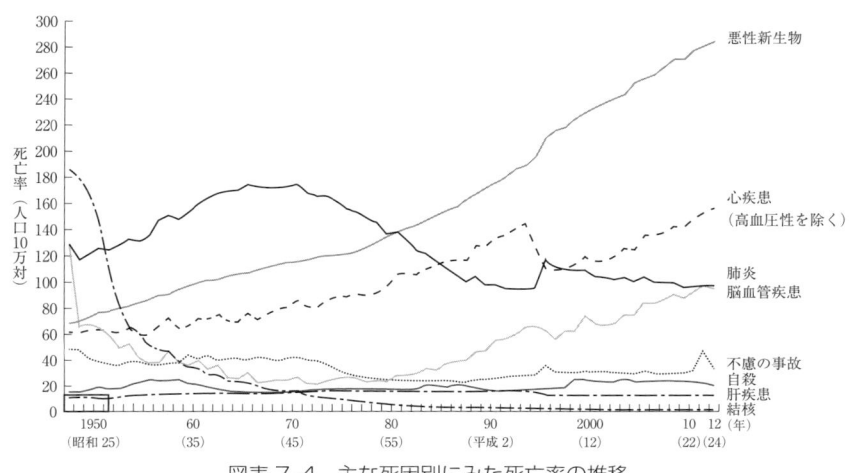

図表7-4　主な死因別にみた死亡率の推移
（厚生労働省「平成25年版厚生労働白書資料編・厚生労働省人口動態調査」）

事業の業務に従事する者が151件)、**身体的虐待が最も多かった**(厚生労働省「平成23年度高齢者虐待の防止、高齢者の養護者に対する支援等に関する法律に基づく対応状況等に関する調査結果」)。虐待を受けた高齢者の48％が認知症であり、加害者の48％が息子、18％が夫であった。

(3) 認　知　症

認知症とは、後天的な脳の器質的障害により、正常に発達した知能が低下した状態の病気である。認知症には、アルツハイマー型認知症、脳血管性認知症、レビー小体型認知症などがある。記憶障害、見当識障害、認知機能の低下、性格変化、運動障害などが生じ、日常生活に支障をきたす。厚生労働省研究班の調査(朝田)では、65歳以上の高齢者のうち、認知症の人は2012年時点で約462万人(15％)いると推計されている。また、認知症になる可能性がある軽度認知障害(MCI)の高齢者が約400万人おり、これらを合わせると、65歳以上の4人に1人が認知症かその"予備軍"であると推計されている。

(4) 孤　独　死

孤独死(孤立死)とは、誰にも看取られずに死後発見される亡くなり方である。孤独死に関しては、全国的に統計をとっている都道府県が少なく、孤独死の定義も定まっていない。平成21年の時点の東京都監察医務院による東京都23区における孤独死の実態などのデータをもとに、ニッセイ基礎研究所が推計した値では、自宅で死亡し、死後発見までに2日以上経過した高齢者は2万6821人、4日以上経過した高齢者は1万5603人との全国推計がなされている。先に取り上げた自殺については、平成21年における65歳以上の自殺者が8288人である(内閣府「自殺対策白書(平成22年版)」)。高齢者の孤独死の推計値は、同じ高齢者の自殺者よりも多いことから、孤独死に対する対策が迫られている状況である。

3）よりよく老年期を生きるために

(1) 老年期の生きがいと悩み

老年期では、どのような生きがいや悩みを感じているのであろうか。内閣府による平成20年度高齢者の地域社会への参加に関する意識調査では、60歳以上の男女が回答している。「生きがい（喜びや楽しみ）を感じるのはどのような時か」との質問では、「趣味やスポーツに熱中している」(47.9%)、「孫など家族との団らん」(47.1%)、「友人や知人と食事、雑談している」(45.6%)の順であった。「現在、心配ごとや悩みごとがあるか」との質問では、「自分の健康のこと」(38.8%)、「配偶者の健康のこと」(23.0%)、「生活費など経済的なこと」(14.8%)、「配偶者に先立たれた後の生活のこと」(12.4%)の順であった。老年期では、健康、配偶者の死、経済面に関する心配事が多くみられるが、趣味を持ったり、家族との楽しい時間をすごしたり、親しい友人との関係を築いておくことが、生きがいを持って老年期をすごすために必要なことである。

(2) 死を受け入れるプロセス

死を目前にして、人はどのようなことを考えたり、感じたりするのだろうか。精神科医のキューブラー・ロス（Kübler-Ross, E.）は、死が迫った末期患者への面接を通して、死を避けることができないと知った患者の心理的過程を、5つの段階として示した。第1段階は否認と隔離（死ぬという現実を受け入れられず否認する）、第2段階は怒り（なぜ自分は死ななければいけないのかといった怒りを家族や医療者へ向ける）、第3段階は取り引き（例えば、せめて息子の結婚式まで生き延びることができたらどんなことでもするといったように、神や運命と取り引きをする）、第4段階は抑うつ（喪失感に直面し抑うつ状態になる）、第5段階は受容（自分の死や運命を受け入れる）である。すべての人がこの過程をたどるわけではなく、ある段階で止まったり、段階を行き来することもある。堀による高齢者や大学生への死に対する意識調査によると、高齢者は大学生よりも死を恐れないという傾向があり、死は怖いか怖くないかといったものではなく、

自然なものだと回答した高齢者が多いことを報告している。

(3) 回想法

回想法（ライフレビュー）とは、精神科医のバトラー（Butler, R. N.）により始められた、人生の思い出や出来事を振り返りそれを話すことで、脳が刺激され精神状態が安定したり、人生を再評価することで自尊心が向上したり、死への恐怖が弱まったり、人生の意義を見出したりするといった効果を持つ心理療法である。回想法は、高齢者を対象とした臨床的な援助法としても取り入れられている。同じ話を何度も繰り返す高齢者であっても、受容的な態度により話を聞くことが大切である。

(4) 介護保険制度

介護保険制度は、2000年4月より始まった社会保険制度である。介護が必要な高齢者に対して、家族だけで行うのではなく、社会全体で保険料を出し合い（40歳以上の人が加入者〔被保険者〕となって保険料を納め）、高齢者を支えていくことを目的としている。要介護や要支援といった介護認定を受け、認定度によって、訪問介護、訪問看護、通所介護、入所介護などのサービスが受けられる。

高齢者の身体や心理的な側面を把握し、社会制度を有効に活用していくことが、老年期をよりよく生きていくことにつながるといえる。

【引用・参考文献】

朝田隆（研究代表者）（2013）「都市部における認知症有病率と認知症の生活機能障害への対応―平成23年度～平成24年度総合研究報告書」厚生労働科学研究費補助金　認知症対策総合研究事業

遠藤利彦（1995）「中年から老年へ」久保ゆかり・無藤隆・遠藤利彦『現代心理学入門2　発達心理学』岩波書店

岡本祐子（2013）「中年の危機」日本発達心理学会編『発達心理学事典』丸善出版

岡本祐子（1985）「中年期の自我同一性に関する研究」『教育心理学研究』33(2)、295-306頁

厚生労働省「少子化に関する意識調査（2004年）」

厚生労働省「人口動態調査」

第 7 章　青年期以降の発達（生涯発達）

厚生労働省「平成 21 年度『離婚に関する統計』の概要―人口動態統計特殊報告」
厚生労働省「21 世紀出生児縦断調査（平成 22 年出生児）― 結果の概要」
厚生労働省「高齢者虐待防止関連調査・資料―平成 23 年度高齢者虐待の防止、高齢者の養護者に対する支援等に関する法律に基づく対応状況等に関する調査結果」
厚生労働省「平成 25 年版厚生労働白書資料編―厚生労働全般」
最高裁判所事務総局「司法統計年報」平成 24 年家事事件編「18 婚姻関係事件数　申立ての動機別申立人別　全家庭裁判所」
総務省「統計トピックス No.72　統計からみた我が国の高齢者（65 歳以上）―『敬老の日』にちなんで（平成 25 年 9 月 15 日）」
総務省「国勢調査」
髙木典子（2005）「子どもの発達課題と特徴」塩見愼朗・長尾和英編著『愛の子育て―子ども学のすすめ』昭和堂
多田羅浩三・吉川純一（2011）『循環器病の健康科学』放送大学教育振興会
鑪幹八郎（2002）『鑪幹八郎著作集 1　アイデンテイテイとライフサイクル論』ナカニシヤ出版
内閣府「平成 17 年版国民生活白書―子育て世代の意識と生活」
内閣府「社会意識に関する世論調査（平成 17 年 2 月調査）」
内閣府「低年齢少年の生活と意識に関する調査（平成 18 年）」
内閣府「国民生活に関する世論調査（平成 18 年 10 月調査）」
内閣府「平成 19 年版国民生活白書―つながりが築く豊かな国民生活」
内閣府「高齢社会対策に関する調査　平成 20 年度高齢者の地域社会への参加に関する意識調査」
内閣府「自殺対策白書（平成 22 年版）」
内閣府「自殺対策白書（平成 25 年版）」
ニッセイ基礎研究所（2011）「平成 22 年度老人保健健康増進等事業　セルフ・ネグレクトと孤立死に関する実態把握と地域支援のあり方に関する調査研究報告書」
堀薫夫（1999）「中年期・老年期」山本利和編『現代心理学シリーズ 7　発達心理学』培風館
Kübler-Ross, E.（1969）*On Death and Dying*, Touchstone., 鈴木晶訳（1998）『死ぬ瞬間―死とその過程について』読売新聞社
Sehaie, K. W.（1980）Intelligence and problem solving. *Handbook of mental health and aging*. Prentice-Hall, 264-284.

第8章 学習とは何か

1　学習とは

　学習というと、小中学校の学習の時間のようなイメージがあるが、心理学では、学習（learning）を「経験によって生じる比較的永続的な行動の変化」と定義している。人間の行動の形成には、生まれつき持っている生得的要因と生まれてからの経験や学習による獲得的要因が影響する。非常に未熟な状態で生まれてくる乳児が成長し一生をすごしていく過程では、意識的であれ無意識的であれ、さまざまな学習が行われている。例えば、運動技能の学習や言語や知識を獲得したり、それらを用いて思考をしたりする学習などである。学習がどのように成立するかについては、いくつかの理論がある。

　学習の成立を説明する代表的な理論の一つは、連合説とよばれるものである。連合説は行動主義理論の流れをくみ、学習は刺激（stimulus：S）と反応（response：R）の連合によって成立すると考える。S―R説ともよばれ、条件づけなどは連合説である。もう一つの代表的な理論は、ゲシュタルト学派の流れを汲む認知説である。ゲシュタルト学派では、個々の刺激をバラバラにとらえるのではなく、全体的な刺激の特徴をみようとする。認知説では、学習は環境に対する新しい認知の成立や認知構造の変化によってもたらされると考える。

2 条件づけ

1）古典的条件づけ

　梅干しを何回か食べたことがある人なら、梅干しをみたり思い浮かべたりしただけでも唾液がわいてくるという経験をしたことがあるであろう。しかし梅干しをみると唾液が出てくるという反応は、人間が生得的に持っていたわけではなくその後の経験によって獲得されたものと考えられる。

　パブロフ（Pavlov, I. P.）は、学習一般を刺激と反応との全く新しい結合関係の形成として理解し、古典的条件づけ（classical conditioning）理論を提唱した。パブロフは犬を用いた実験で、食物を与えると同時に音を聞かせることを繰り返したところ、そのうちに音だけで犬に唾液分泌がみられるようになった。これを条件反射という。食物に対して犬に唾液分泌が生じるのは、もともと犬が持っている反応（無条件反応：UR）であるが、音に対して唾液分泌がなされるのは、音と唾液分泌が結びついて新しい行動（条件反応：CR）が獲得されたということになる。この時、音は条件刺激（CS）となる（図表8-1）。

　古典的条件づけにおいて、食物（無条件刺激：US）を伴わせないで音（条件刺激：CS）だけを提示し続けると唾液分泌（条件反応：CR）はそのうちに生じなくなり、これを消去（extinction）という。また、条件づけが成立した音と全く同じ音ではないよく似た音に対しても、そのうちに条件反応がみられるようになるが、これを般化（generalization）という。さらに、般化の程度を

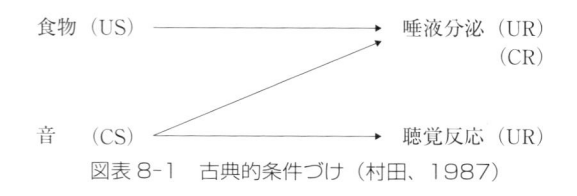

```
食物（US） ─────────────→ 唾液分泌（UR）
                                    （CR）
音　（CS） ─────────────→ 聴覚反応（UR）
```

図表8-1　古典的条件づけ（村田、1987）

限定し、よく似ていてもある差異以上のものには同じ反応をしないようにすることを弁別（discrimination）という。例えば600Hzの音刺激には無条件刺激を同時に提示し、1000Hzの音刺激には提示しないという手続きを導入すると、そのうちに600Hzの音に対してだけ条件反応がみられるようになる。

　行動主義心理学者のワトソン（Watson, J. B.）は、11カ月児のアルバート坊やに対して、白ネズミと大きな音を同時提示することを繰り返した。その結果、もともとは白ネズミに対して何の恐怖も示さなかったアルバート坊やは次第に白ネズミに対して恐怖を示すようになり、その恐怖は白ウサギやサンタの白いひげなどにも般化した。このように、ある対象に対する恐怖など情動の条件づけが起こることもあり、強い恐怖症などの消去はなかなか難しいこともある。

2）道具的条件づけ

　スキナー（Skinner, B. F.）は、古典的条件づけは反射であることから、レスポンデント条件づけ（respondent conditioning）とよび、自らは、自発的な行動が強化されることによって学習は成立するとして、オペラント条件づけ（operant conditioning）を提唱した。この実験では、スキナーボックスといわれる実験箱に空腹のネズミが入れられた。スキナーボックスにはレバーが取りつけられており、レバーを押すとエサが出てくる仕組みになっている。実験箱に入れられたネズミは、箱の中でさまざまな行動をとるが、たまたまレバーに触れるとエサが出てそれを食べるという経験を繰り返すと、そのうちにエサを得る目的でレバーを押すようになる。ここでは、レバー押しという行動に対してエサという報酬が強化となっている。報酬を獲得するための手段や道具としてレバー押しの行動が新しく獲得されるので、道具的条件づけ（instrumental conditioning）といわれている。

　条件反応に対して、どのように強化が与えられるかについては、いくつかのパターンがあり、これを強化のスケジュールという。毎回強化が与えられるのは連続強化であり、そうでない場合は部分強化である。部分強化にも一

図表8-2　おもな強化スケジュール（村田、1987）

強化スケジュール		強化の与え方	実　例
連続強化 （100％強化）		反応ごとに強化を与える	自動販売機
部分強化	周期的強化	行為とは無関係に、一定の時間間隔で強化を与える	月　給
	非周期的強化	行為とは無関係に、不定の時間間隔で強化を与える	魚釣り
	定率強化	一定の反応数ごとに強化を与える	手間賃
	変率強化	不定の反応数に対して強化を与える	パチンコ

定の間隔や割合で与えられる周期的（定間隔）強化や定率強化とそうでない非周期的（変間隔）強化と変率強化がある。ギャンブルは毎回強化があるわけではなく、強化の間隔も割合もバラバラである。部分強化は連続強化よりも消去されにくく、これを部分強化効果というが、ギャンブルがなかなかやめられないのはこのためである（図表8-2）。

　スキナーは、道具的条件づけを用いて獲得させたい行動を形成させるために、反応形成（shaping）という方法を用いた。反応形成では、獲得させたい行動を最終目標に置き、それに近づく行動に強化を与えて、徐々に目的の行動の獲得を目指す。例えば、スキナー箱のネズミにレバー押しの行動を獲得させたい場合、最初はレバーの近くに行けば強化を与え、次にレバーに触れたら強化を与え、最後にレバー押しをしたら強化を与えるようにする。同様に、学校から帰ってすぐに遊びに行く子どもにまずは宿題をさせたいような場合、最初はすぐに家を出ないで自分の部屋に入る習慣をつけさせ、次に机に座るということをさせ、それらが身についてきたら宿題をさせるという具合である。それぞれの段階でほめ言葉などの強化を与えて、少しずつ目標の行動の獲得を目指すのである。このように、小さなステップで目標に近づけていく考えは、プログラム学習（第11章参照）にも取り入れられている。

　スキナーが提唱したプログラム学習の原理は以下の通りである。①スモール・ステップの原理：学習内容を細かいステップに分割し、誤反応を最小限

図表8-3　プログラム学習の原理（八田、1987；安永、1989）

1. スモール・ステップの原理	誤反応を少なくするため最終目標に向かって、小単位を1歩1歩段階をおって進めていく。
2. 積極的反応の原理	単に頭で理解するだけでなく、各ステップの問題に積極的に反応させる。積極的反応があって初めて強化される。
3. 即時確認の原理	学習者が各ステップの問題に答えると、ただちにその正誤を知らせる。
4. 自己速度の原理	学習者の個人差に応じて、最適のペースで進めていく。
5. フェイディングの原理	最初は正解がでやすいよう援助を多く与えるが、次第に援助を減少させ、自分の力だけで正解できるようにする。

にする。②積極的反応の原理：積極的に反応させ、積極的反応があって初めて強化される。③即時確認の原理：反応の正誤は即時学習者に知らせる。④自己速度（マイペース）の原理：学習者の個人差に応じて最適のペースで進める。⑤フェイディングの原理：最初は援助を多く与えるが、次第に援助を減少させ自分の力だけで正解させるようにする（図表8-3）。

　プログラム学習では個人の進度に応じて学習を進めることができ、今日ではコンピューターを用いた教育（Computer Assisted Instruction：CAI）で発展している。全員が同じプログラムで学ぶのではなく、ある質問に正答したかしなかったかによって、異なるプログラムに進んでいくという枝分かれのプログラム学習も取り入れられている。プログラム学習では個人の知識や能力などに応じて学習を進めていくことになり、個人差を考慮した学習方法といえる。

　条件づけは行動主義時代に動物等を対象に盛んに実験が行われたが、その後、刺激と反応の結びつきだけではなくそのプロセスを重視する認知心理学の台頭によって次第に衰退した。しかし、現在でも動物の行動を研究するのに使われたり、また不適応な行動を矯正・治療したりするための行動療法として使用されている。例えば、不登校の子どもが再登校をする際に、毎日少しずつ学校場面へ近づいていくなどである。

3 認知理論

　条件づけでは、刺激と反応が何回も対提示されることや目標とする行動に対して繰り返し強化が与えられるなど、学習の成立には反復が大切だと考えられていた。しかし、ケーラー（Köhler, W.）は、チンパンジーが試行錯誤をすることなく問題解決をしたことから、反復は必ずしも必要ではなく洞察（見通し：insight）の成立が重要であるとしている。ケーラーの実験では、チンパンジーは手の届かない場所にあるバナナをとるために、部屋の中にある箱を積み重ねたり、棒を組み合わせて引き寄せたりした。これらは試行錯誤の結果ではなく、突然洞察が成立するようであった。それまではただの箱としかみなかったものを踏み台としてみることは、その場面全体について違った見方をすることである。ものとものとの関係が突然新しく認知され直し、認知の再体制化が起こったために問題解決ができたと考えた。しかもこれらはいったん成立すると、次からは同じような場面では同じような行動を起こすのであった。

　トールマン（Tolman, E. C.）は認知説を提唱し、学習を環境の認知の変化ととらえた。トールマンは、ネズミの迷路学習において、迷路で目標に達して報酬を与えられるグループ、目標に達しても報酬を与えられないグループ、10日目までは報酬がなく11日目から報酬を与えられるグループを作った。その結果、10日目までは目標に達しても報酬がなかったグループは、報酬が与えられ始めた11日目から急激にエラー数が減少し始め、最終的には最初から報酬を与えられていたグループよりもエラー数が少なくなった。トールマンは、報酬が与えられていない時にもネズミは迷路を潜在的に学習しており、報酬を与えられることによって学習が顕在化したと解釈し、こうした学習を潜在学習とよんだ。

4 社会的学習

バンデューラ (Bandura, A.) は、幼児に、等身大の人形をなぐったりけったりなど乱暴に扱う子ども達がほめられたり、叱られたり、何もいわれなかったりする映像をみせた。その後、同じような人形が置いてある部屋で子どもたちを遊ばせたところ、ほめられた映像をみた群だけではなく、何もいわれなかった群においても攻撃行動がみられた。しかし、映像をみなかった子どもたちには乱暴な行動はみられなかった（図表8-4）。

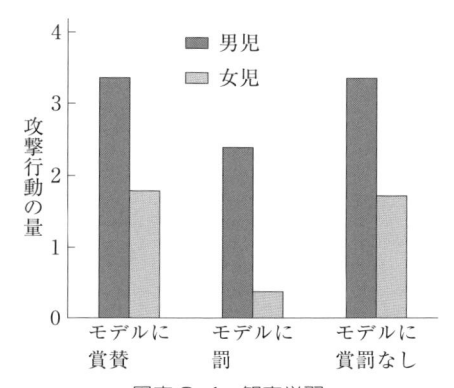

図表 8-4 観察学習
（バンデューラによる：和気ほか、1991；三浦、2003）

すなわち、モデルの行動を観察することを通してそのモデルの行っている行動と同じような行動を新しく獲得したのである。このような学習を観察学習やモデリング（modeling）といい、これらは社会的学習理論といわれる。

社会的というのは人という環境があるということであり、そういう意味では、子どもだけでなく成人もいろいろな場面で社会的学習を行っている。はじめて職場に行った時には、そこにいる人たちの行動をみて自分がとるべき行動を学習していくことなどである。バンデューラの実験では、モデルが強化を受けるのをみると、自分が直接に強化を受けていなくても影響が出ることが分かっており、これを代理強化という。例えば、誰かがほめられたり叱られたりするのをみると、自分が直接ほめられたり叱られたりしていなくても、ほめられた行動をしようとしたり、叱られた行動を避けることがあげられる。またモデリングは、必ずしも強化がなくてもモデルの行動を観察するだけで学習が成立する。観察者がモデルのことを好きだったり尊敬していたりなど、観察者とモデルの間に何らかの情緒関係があるとモデリングは成立

しやすい。このように考えると、子どもの周りにいる人間は、いつでも自分が子どものモデルとして存在していることを自覚しておくべきであるといえる。

　近年、テレビゲームや映画での暴力画面をみることが、幼い子どもに及ぼす影響を心配する声もある。暴力的な映像をみることによって自分の中にある攻撃性を代理で昇華させているというカタルシス説もあるが、調査では、小さい時に暴力的な映像をみる機会の多かった子どもの方がそうでなかった子どもよりも、青年期になって他者に対して攻撃的であるという結果が出ている。ふだんから子どもたちにどのような映像をみせるかについては、大人の配慮が求められているといえる。

　観察学習も不適応行動の治療に利用されている。友だちの中になかなか入っていけない子どもに「入れて」という言葉を使って仲間入りをする他児の様子をみせたり、紙芝居をみせたりすることなどである。

5　学習の法則

1）集中学習と分散学習

　集中学習とは休憩を入れずに集中して行う学習であり、休憩を入れて行う学習を分散学習という。集中学習と分散学習ではどちらが効率的に学習できるのだろうか。これまでの研究からは、総じて分散学習の方が効率がよいとされている。しかし、学習者の特性や学習内容にもよる。学習者の年齢が若い時、あるいは機械的記憶学習や運動学習では分散学習の方が効率がよい。逆に高度な思考を要する問題解決学習は集中学習の方がよいだろう。

　分散学習が効果的なのは休憩の要因が大きいといわれる。集中学習で生じる疲労や飽きは学習の阻害要因であるが、分散学習ではこれを防ぐことができる。また、「水泳は冬の間に、スケートは夏の間に上達する」といわれるように、休憩の間に学習の再体制化が起きるのである。

2）全習か分習か

　全習法とは、学習内容を分割せずに全体を一まとまりとして学習していく方法であり、分習法とは分割して部分ごとに学習していく方法である。これにも学習者の特性や学習内容が関係する。学習者の年齢が若いほど、あるいは学習内容が量的に多い時や困難度が高い時は分習法が有利であろう。しかし、あまりにも細かく分割するのは非効率的で、その人のできうる範囲でまとめて行った方がよいとされる。分習法では分割された部分を全体として再体制化する必要があるが、学習の初期段階では分習法を行い、次第に学習範囲を拡大して全習法に至るという漸進的分習法なども工夫されている。

3）フィードバック

　技能学習や運動学習におけるフィードバックの重要性は昔から指摘されてきた。フィードバック情報は結果の知識（knowledge of result：KR）と遂行の知識（knowledge of performance：KP）に大別できる。KRは、目標の到達度に関する情報で結果の情報を与える。KPは動作遂行に関する情報で、投てきのフォームやバレーの演技中の動きなどの情報である。フィードバックには、①フィードバックの時期（遂行と同時か遂行後か）、②フィードバックの遅延時間、③フィードバックの数（個別か蓄積か）、④フィードバックの頻度（要約か漸減か）、⑤フィードバックの精度、⑥フィードバックの媒体（言語かそれ以外の映像や示範か）、など多様な提示方法がある。

　効果的なフィードバックにするためには、次のような点に気をつける必要がある。

① 前向きフィードバック：失敗を指摘するのではなく修正点を伝える。
② 最小限のフィードバック：多すぎると混乱を招く。
③ 具体的フィードバック：「もっと右へ」よりは「10センチ右へ」。
④ 即時フィードバック：間が空くと効果が減少するといわれる。
⑤ 多様なフィードバック：学習者の特性や学習段階、学習内容によって

提示方法は変わってくる。また、指導者から学習者に発問する形でフィードバックを与えるという方法も考えられる。

　以上は主に運動学習におけるフィードバックであるが、認知的な学習にも充分適用可能であろう。例えば算数の計算問題で間違った場合、単に間違いを指摘するのではなくどこがどう間違ったのかを具体的に、しかもくどく（情報量が過多に）ならないように指摘する、などが考えられる。

4）学習曲線

　学習曲線とは、横軸に試行回数や練習時間、縦軸に正答数や遂行時間などの学習成績をとり、学習の経過をグラフで示したものである（図表8-5）。グラフ化することにより学習の進捗状況が把握しやすくなる。学習が進むにつれ成績は上昇するが、曲線が次第に勾配を緩め、学習が停滞したかのようにみえる部分が生じることがある。これは高原（plateau）とよばれる。高原状態は疲労や飽き、意欲の低下などにより誰にでも生じるものなので、そういう状況に陥った場合は焦らずにその原因について考えることである。また高原状態はそれまでの学習が再体制化される準備期である場合が多いので、あきらめずに練習を続けることが大切である。

5）学習の転移

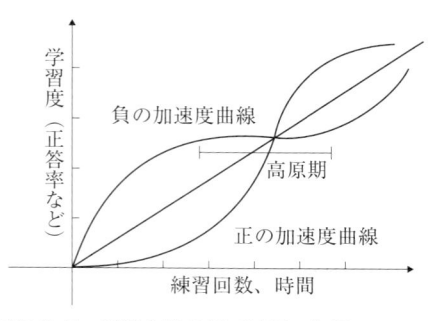

図表8-5　学習曲線の例（杉原・海保、1989）

　ラテン語やユークリッド幾何学は直接仕事や生活に役立つものではないが、教科の中では基本的なものである。こうした学習を通じてすべての教科学習の基礎となる思考力や判断力をつけさせるべきであるとする考え方を形式陶冶という。それに対し、直接役立つ知識や技能を教

えるべきであるという考え方を実質陶冶という。この議論は、心理学では、学習の転移がどの程度生じるかという問題で研究されてきた。学習の転移とはある学習が別の学習に影響を与えることで、正・負の転移がある。正の転移とは英語の学習が後のドイツ語の学習に役立つというように促進的な影響を及ぼす場合であり、負の転移とは、自動車の車種を変えたら、前の運転のくせが新しい車を運転する際の邪魔になったというように、妨害的影響を及ぼす場合である。学習場面では正の転移が生じることが望ましいが、実際にはそれほど転移が生じていないことが示されている。答を1つのやり方で効率的に求めるだけでなく、回り道をしながら複数の解き方を試すといったような方法で学習すれば転移が生じやすいだろう。そのようなやり方は一見、非効率的にみえるかもしれないが、回り道の中から背景に隠された原理や法則、関連情報とのつながりがみえてくるのである。

【引用・参考文献】

河合伊六・松山安雄編著(1989)『現代教育心理学図説』北大路書房
北尾倫彦・中島実・井上毅・石王敦子(1997)『グラフィック心理学』サイエンス社
杉原一昭・海保博之編著(1986)『事例で学ぶ教育心理学』福村出版
高野清純監修(1991)『図でよむ心理学 生徒指導・教育相談』福村出版
八田武志(1987)『教育心理学』培風館
三浦正樹(2003)「第3章 学ぶということ」滝沢武久編著『はじめての教育心理学』八千代出版、41-71頁
村田孝次(1987)『教養の心理学』培風館
安永悟(1989)「第4章 学習と学習指導」河合伊六・松山安雄編著『現代教育心理学図説』北大路書房、55-70頁
和気典二ほか(1991)『心理学アップデイト』福村出版

第9章 認知心理学（記憶・思考）

1 知覚の情報処理過程

　認知心理学は、刺激と反応の結びつきを重視する行動主義を批判し、むしろ刺激と反応の間の過程（プロセス）が重要だとして、1950年代頃から次第に台頭してきた。行動主義では扱わなかったイメージや思考過程など、目にみえないものも研究対象としてきた。認知心理学では、人を一種の情報処理システムとみなしている。刺激が入力されて出力されるまでの過程は、コンピューターが情報を処理する過程と似ていると考えられ、コンピューターの発展とともに認知心理学も発展してきた。

　例えば、ひらがなの「か」という文字が処理される過程を考えてみよう。まず「か」という文字がそのままの形で入力され、どのような形態をしているかの分析を受ける。垂直線は何本あるか横線は何本あるかなどの分析が行われて、知識として記憶の中に貯蔵されているいろいろな文字の形との照合が行われる。その結果、いくつかの候補の中から一番一致点の多い「か」という文字が反応として選択されることになる。「か」という刺激を「か」と認識することのように、外界から入力された文字や人の顔などの刺激が何であるかを認識することをパターン認知という。パターン認知には、知覚的な処理だけではなく自分の持っている知識等も必要となる。この場合、膨大な知識の中から入力された形と一致するパターンを探すのは、大変な作業である。しかし私たちは、入力された形について「これはおそらく文字だろう」

とか「ひらがなであろう」という予測や期待などを持って処理に当たるので、知識の中にあるすべての形を最初から最後までチェックする必要はない。このように、知識や期待、過去経験など当該刺激そのもの以外の周りの要因を文脈効果という。私たちがスムーズに文章を読めるのは文脈効果のおかげでもあるが、しばしば自分の文章の書き間違いに気がつきにくいのも文脈効果のせいである。「自分はこう書いた」という予想を持って読んでしまうので、実際にはそのように書いていなくても気がつかないのである。

　パターン認知には、「か」という形の形態から処理をするプロセスと「おそらくひらがなであろう」という知識や期待から処理を進めるプロセスとが考えられる。前者をボトムアップ処理といい、後者をトップダウン処理という。私たちがさまざまなものを処理する際に、どちらかの処理だけを行おうとするとうまくいかない。たいていの場合、どちらかの処理タイプに重点を置きつつも、ボトムアップとトップダウンの2種類の処理が関わっていることが多い。

2　記　　憶

1）記憶の情報処理過程

　私たちの日常生活に記憶は欠かせないが、学習過程の多くも記憶に支えられている。記憶は、覚える、覚えたことを蓄えておく、思い出すという過程をたどるが、心理学ではそれぞれの段階を、記銘、保持、想起という言葉で表す。また、認知心理学の用語では、符号化、貯蔵、検索という。記憶は図書館の本にたとえられることが多い。図書館に入る本は、まず内容によって適切な分類コードに置き換えられ（符号化）、図書館の所定の場所に所蔵され（貯蔵）、必要な時に取り出される（検索）。私たちの記憶も同様である（図表9-1）。

　記憶は、保持時間の長さから、感覚記憶、短期記憶、長期記憶に分けられ

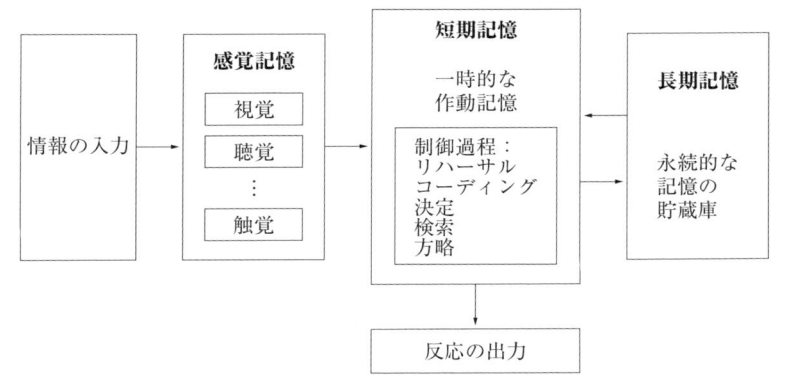

図表9-1 記憶の情報処理モデル
（Atkinson & Shiffrin, 1971より作成；井上、1997）

る。私たちが外界から受け取る刺激は、まず感覚器官を通して感覚記憶に入力される。感覚記憶の保持時間は非常に短く、聴覚で数秒以内、視覚で1秒以内である。感覚記憶で必要とされた情報は処理を受けて短期記憶に送られる。短期記憶は容量に制限があり、また持続時間も数秒から数分程度である。はじめての場所に電話をする時、ダイヤルする間は相手先の電話番号を覚えているが、いったんつながってしまうと忘れてしまうような事態で使われている記憶である。ミラー（Miller, G. A.）によると、短期記憶の容量は、数字、文字、単語など刺激の種類に関わらずおよそ7±2項目といわれている。これは、単に7個ではなく意味としてのまとまりが7つ程度ということである。この情報としての意味のまとまりをチャンクという。

ところで暗算をする時のことを考えてみよう。例えば1個165円のリンゴを5個買う場合、1の位の計算をして繰りあがりの数字を覚えつつ10の位の計算をすることになる。私たちの日常生活では、覚えながら処理をしているということが多くあり、会話でも、相手のいうことを覚えつつ自分の話をするのである。この時に使われているのも短期記憶であるが、処理をしながら保持をするという短期記憶の動的な側面に注目して、作動記憶（ワーキングメモリ）といわれる。

短期記憶でさらに長い貯蔵が必要とされた情報は長期記憶に送られる。長期記憶の容量はほぼ無限大で、保持期間も半永久的である。長期記憶には保持する内容によっていくつかの種類がある。ものの名前など言葉で記述できる記憶である宣言的記憶と、自転車の乗り方など言葉にはしにくい手続きに関する記憶である手続き的記憶である。宣言的記憶の中には、時間や場所の情報が関わった個人的な記憶であるエピソード記憶と、一般的な知識としての記憶である意味記憶とがある。「今日学生食堂で親子どんぶりを食べた」というのはエピソード記憶であるが、「親子どんぶりは鶏肉と卵から作る」というのは意味記憶である。長期記憶にいろいろな種類があることは、脳損傷の患者の事例からも示唆されている。今会った人のことをすぐに忘れてしまいエピソード記憶の保持はできないが、技能などの手続き的記憶は残っているのである。

複数の単語を1つずつ提示して後から再生（思い出すこと）させると、単語リストの初めと最後の部分がよく思い出され、中央部分の成績がよくない。これを系列位置効果という。ここで、初めの部分がよく再生されることを初頭効果、最後の部分がよく再生されることを新近性効果という。系列位置効果の実験では、リストの提示直後に再生をさせないで、30秒間ほど計算課題をさせてから思い出させると新近性効果が消失する。また3秒間で提示していた単語を1秒間で提示すると初頭効果が低くなる。これらの結果から、初頭効果はリハーサル（後述）などを繰り返して短期記憶から長期記憶へ情報を転送した後、長期記憶から再生されているが、新近性効果は長期記憶へ送られる前の短期記憶から再生されていることが窺える。この実験は記憶の貯蔵庫が2つあることを示してもいる（図表9-2）。

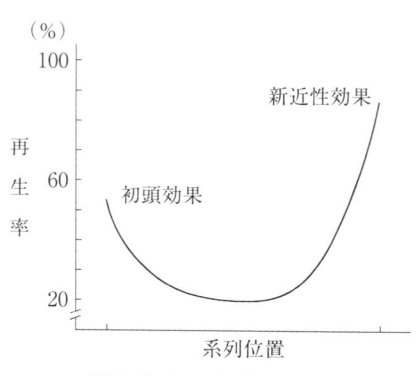

図表9-2　系列位置効果
（鈴木・小川、2001；三浦、2003）

長期記憶の情報は、必要に応じていつでも短期記憶に転送され、私たちが今行っている処理を支えている。

2）記憶の測定法と忘却

エビングハウス（Ebbinghaus, H.）は、無意味綴りのリストを覚え、ある一定の時間経過後にどれくらい思い出せるかを、自分自身を対象に測定した。その結果、20分後には58％の保持率であり、学習後1日で急速に減少するが、それ以降の忘却はそれほど急ではなかった。これは、エビングハウスの忘却曲線といわれる。エビングハウスが用いた測定方法は節約法（再学習法）といわれ、一度学習させた内容を一定時間経過後に再び学習させてどの程度早く学習できるかをテストするものである（図表9-3）。

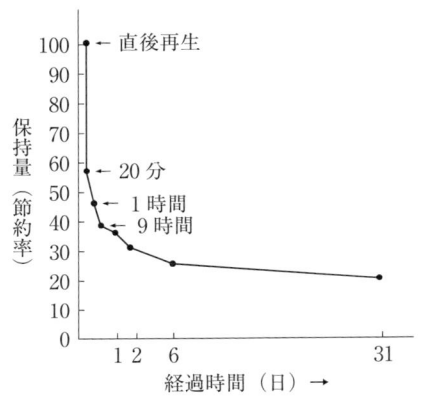

図表9-3　エビングハウスの忘却曲線
（鈴木・小川、2001：三浦、2003）

その他にも記憶の測定法としては、再生法と再認法がある。再生法は、文字や図形、単語などをみせておいて、その後でどんなものがあったかを書かせたり答えさせたりする方法で、特に条件をつけないで自由に再生させる方法を自由再生法、提示された材料を順序通りに思い出させる方法を系列再生法という。再認法は、前にみせた図形、文字、単語などを、それが前にみたものか否かを判断させる方法で、新しい材料も混ぜて提示し以前のものと新しいものを区別して当てさせる方法である。テストでは、多肢選択が再認法であり、かっこ内に答えを書くのが再生法に当たる。

一般的に再生の方が再認よりも難しい。これは再生の二段階説で説明される。再生は、候補となる答えを長期記憶の中から探し出す探索段階と、探し出した候補がこれでよいかどうかを照合する段階の二段階が必要となる。しかし再認は、候補となる答えがすでに提示されているので照合段階の一段階

だけでよく、再生に比べて処理がやさしくなるのである。

　忘却の原因としては、減衰、干渉、検索の失敗などがあげられる。減衰は、砂浜に書いた文字が風などで次第に薄れていくように、時間の経過とともに記憶痕跡が次第に薄れていくことをいう。しかしこの説では、前に思い出せなかったことが後で思い出せるようになることが説明できない。干渉は、記憶が他の記憶の内容から干渉を受けて忘却が起こることをいう。この場合、前に記憶した内容がその後新たに記憶した内容の想起を妨げることを順向干渉（抑制）、新たに記憶した内容がそれ以前の想起を妨げることを逆向干渉（抑制）という。検索の失敗は、覚えた情報は記憶の中に貯蔵されているが、その情報をうまく検索するための手がかりがないために思い出すことができないという説である。

3）記　憶　術

　何かを覚えようとする時に、よく使われるのはリハーサルである。リハーサルとは「りんご、りんご」など、対象をそのまま反復して発音することである。これを維持リハーサルという。これに対して意味を分析したり連想したりすることを精緻化リハーサルという。覚えた情報をできるだけ長く覚えているためにはどのような工夫をすればよいのだろうか。

　クレイクとタルビング（Craik, F. I. M., & Tulving, E.）は、覚える時には形態的処理のような浅い処理よりも、意味処理などの深い処理をする方がよいとしている。すなわち板書をノートに写す時には、機械的に文字を書くだけではなく、意味を考えたり知っている知識と関連づけたりしながら書く方がよいのである。他には、関連する情報をカテゴリーなどにまとめて覚える体制化がある。これは多くのことをバラバラに覚えるのではなく、関連項目をまとめることによって記憶するべき項目を少なくすることである。さらに、覚えるべき項目にイメージを加えたり、単語をつないで文章を作ったりする精緻化、自分がよく知っている場所に記憶するべき項目を結びつけて覚える場所法などがある。例えば場所法では、にんじん、牛乳など買い物リストを覚

える際に、まずは家の玄関ドアににんじんがぶら下がっているイメージを覚え、次に家の中に入って玄関の棚に飾っている人形が牛乳を飲んでいるイメージで覚えるなどの工夫をする。買い物リストを思い出す時には、玄関から家の中に入る道順を思い出していけばよいのである。このようなさまざまな記憶方略を記憶術という。

4）メタ認知

　メタ認知は「認知についての認知」である。認知とは人間の知的な働きのことであり、メタ認知は、自分の認知能力を把握したり、認知過程をモニターしたり制御することである。授業中に今自分がどれだけ分かっているかをチェックしたり、この話は知っているとかさっきの話と矛盾すると気づいたり、ここは大事な部分なのでアンダーラインを引いておこうとしたりすることは、すべてメタ認知の働きである。自分の得意・不得意が分かっていることもメタ認知であり、それが分かっていると不得意な分野を集中的に復習するなど効率的な勉強ができる。また、自分は記憶が苦手で忘れ物が多いということに気づいていれば、何かを覚えなくてはならない時には必ずメモをとる習慣をつけることができる。メタ認知は日常のあらゆる活動に関わっており、学校教育の中でも重要である。メタ認知は幼児から徐々に発達しおよそ小学校高学年頃には完成するといわれているが、個人差もみられる。記憶術そのものはメタ認知的知識であるが、メタ認知的知識を持っているだけでは十分ではなくその知識を適切な時に使えることが大切である。

3　概　　念

　私たちは、外界の事物や事象を認知システムの特性に従って分類している。分類すなわちカテゴリー化する際には、それらに共通する特徴があり、カテゴリー化の基準となっている情報や知識が概念である。すなわち、概念とは、個々の事象の共通性を取り出して作りあげた観念である。名詞の場合、語の

意味は概念の意味といえる。

　ロッシュ（Rosch, E.）らによると、知覚的世界の中に基礎カテゴリーとよびうる「もの」がある。基礎カテゴリーは、成人に具体的事物をみせて命名させる時に出てくる名前である。例えば、犬の写真をみせて「これは何か」とたずねると、「イヌ」という答えが出てくるのがほとんどであり、「動物」とか「コリー」という言葉はあまり出てこない。幼児が初期に獲得するものの名前も基礎カテゴリーである。リンゴや鉛筆、机などはすべて基礎カテゴリー名であり、それを中心に上位カテゴリーとして果物、文房具、家具などがあり、下位カテゴリーとして紅玉、赤鉛筆、文机などが存在する。このようにカテゴリーには階層性がある。

　カテゴリーとそれに属する成員との関係をみてみると、あるカテゴリーにおいて典型性の高い成員と低い成員がある。例えば、キャベツは野菜のカテゴリーの中で典型性は高いがトマトは低い。典型性の高い成員の方が、カテゴリーに属しているかどうかの判断が速く行われ、これは典型性効果といわれている。

　さて、私達は鳥という概念そのものに出会うことはほとんどない。特定の烏や鳩という特殊事例をいくつも観察しているうちに、飛ぶ、くちばしがある、二本足を持つなどの「鳥」という概念が形成されていく。概念がどのように獲得されていくのかについては、人工の概念を獲得させる過程が調べられている。その結果、連言概念（かつ：AND）よりも 選言概念（または：OR）や関係概念（複数の属性間の関係で規定されたもの）の方が、形成が困難であった。概念形成の際にとられる方略としては、あらかじめ複数の仮説を生成しておき事例を観察するごとに仮説を走査して検討する走査方略や、1つの正事例をその概念の焦点事例とみなし、その後の事例と比較して、共通するものをとって関与する可能性のある属性を減らしていく焦点方略などがある。

　さて、一般的知識としての意味記憶では、概念はどのように表象されているのだろうか？　コリンズとロフタス（Collins, A. M., & Loftus, E. F.）は、活性化拡散モデルを提唱している。このモデルでは、意味的に関連のある概念同

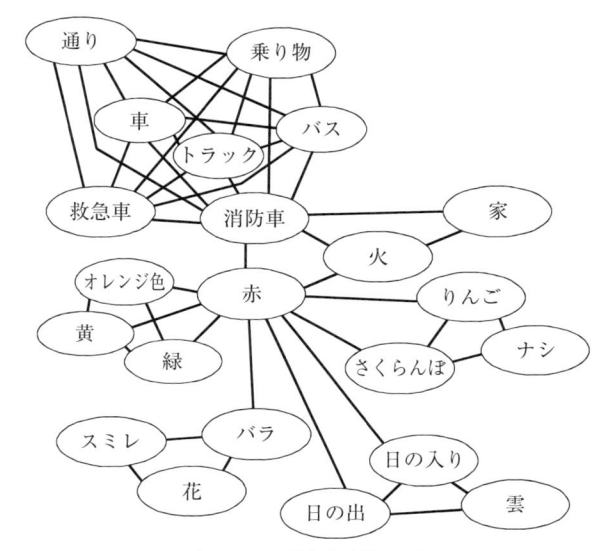

図表 9-4　活性化拡散モデル
（コリンズとロフタスによる：鈴木・小川、2001；三浦、2003）

士がリンクで結びつけられて、意味的関連にもとづくネットワーク構造をなしている。そして、「消防車」など、ある概念が処理された時には、その概念自身が活性化されるだけではなくその概念と結びついた意味的に関連のある概念、例えば救急車、トラック、赤などにも活性化が広がっていくと考えられている（図表9-4）。

4　問題解決

　問題解決とは、パズルを解く場合のように、解決すべき問題がありそれを解決する際に働かせる思考過程のことをいう。一般的には、今の初期状態から、目標とする状態に達するまでの経路を探索することである。この時、ある状態を別の状態に移行させる行為をオペレーター（操作子）という。ハノイの塔を例にみてみよう。初期状態から次の状態へ移るために、行使可能な

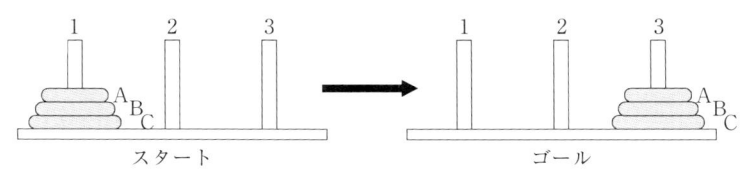

ハノイの塔問題：3本の軸と、大きさの異なる3個の円板がある。円板には穴があいていて、軸に積み上げることができる。円板は軸から軸へと自由に移動できるが、1本の軸に積まれた円板のうち、1回に動かせるのは一番上の1個だけであり、また小さい円板の上に大きい円板を積んではならない。すべての円板が軸1にある状態からスタートし、すべてを軸3に移動させればゴールである。

図表9-5　ハノイの塔（和気ほか、1991；三浦、2003）

図表9-6　怪獣問題（Simon & Hayes, 1976；松井、1995）

> 　5本の手を持つ、宇宙から来た3匹の怪獣が、3つの水晶の球を持っている。量子力学的特性のため、怪獣も球も、大・中・小の3つの大きさになっている。中くらいの怪獣は小さい球を、小さい怪獣は大きい球を、大きい怪獣は中くらいの球を持っている。この状況は怪獣たちの鋭い釣り合いの感覚に反していた。そこで、怪獣たちが各々自分の大きさと釣り合った球を持った状態になるように、球を渡し合うことにした。怪獣たちの以下のような習慣のため、問題の解決は難しくなっていた。
> ・1回に1つの球しか手渡せない。
> ・怪獣が2つの球を持っているとき、大きいほうしか手渡せない。
> ・渡そうとしている球よりも大きい球を持っている怪獣には手渡せない。
> 　どのような手順によれば怪獣たちはこの問題を解決することができるだろうか？

2つのオペレーター（A→2、A→3）のうち1つをランダムに行使すると、次の状態では行使可能なオペレーターは3つ（第1回でA→3の場合、B→2、A→2、A→1）になる。しかし、すでに経過した状態を省略した上で別の状態に移行しようとすると、行使可能なオペレーターは2つ（B→2、A→2）である。このように、目標状態に達するまでオペレーターを試行錯誤的に行使していく（図表9-5）。

　問題解決に影響を与える要因として、問題の表現による影響がある。怪獣

問題は、ハノイの塔と全く同一の構造を持っているにもかかわらず、解決が難しい。与えられた問題を頭の中でどのように理解するかによって、解決の困難さが異なる（図表9-6）。またマイヤー（Maier, N. R. F.）の2本ひも問題では、ペンチをひもに結んでおもりとし、それを振り子にして2本のひもを結びつけるというのが、解決法の一つである。しかし、ペンチをおもりとして用いるのは日常的な使い方ではないため、なかなか思いつかない。このような現象を機能的固定という（図表9-7）。

ルーチンス（Luchins, A. S.）は、3種類の容量が異なる水がめを用いて、指定した量の水を汲み出すことを課題とした。問題1から順番に解いていくと、決まった解法（B－A－2C）で解決できるため、より簡単に解決できる問題7（A－C）や問題8（A+C）でも、これまでと同じ解決方法を使ってしまう。これは、学習を通じて学習者に特定の「構え」がもたらされたからである（図表9-8）。

問題解決には知識も影響する。物理学の問題を解く際のプロトコル分析や物理学の問題をいくつかに分類させる実験をしてみると、専門家と初心者では、持っている知識によって問題をどのように表象するかが異なっていることが分かった。知識が獲得されるに従って、問題の表象が異なっていく。

ダンカー（Dunker, K.）の「腫瘍問題」の正答率はかなり低い（図表9-9）。

図表9-7　2本ひも問題
(Maier, 1931；中島、1997)

図表9-8　水がめ問題
(Luchins, 1942；河合、1990)

問題	A	B	C	汲出量
1	29	3		20
2	21	127	3	100
3	14	163	25	99
4	18	43	10	5
5	9	42	6	21
6	20	59	4	31
7	23	49	3	20
8	15	39	3	18
9	28	76	3	25
10	18	48	4	22
11	14	36	8	6

図表9-9　腫瘍問題（Dunker, 1945；松井、1995）

> 胃に悪性の腫瘍のある患者がいた。その患者は体力がなく、手術はできないので、放射線によって治療しなければならない。強い放射線を患部にあてれば、腫瘍を破壊することができる。しかし、患部は体の内部にあるので、外から強い放射線をあてると、健康な組織も破壊されてしまう。どのようにすれば腫瘍だけをうまく破壊することができるだろうか？

ジックとホリオーク（Gick, & Holyoak）は、「ある要塞を攻撃しようとしている将軍の話として、要塞は非常に堅固なので大軍で攻めないといけないが、途中の道には地雷があって、大軍で通ろうとすると爆発してしまう。将軍が軍隊を分割して、複数の経路から要塞を攻撃させ、うまく占領することができた」という話を聞かせて、問題のヒントであることを知らせると、7割が腫瘍問題に正解した。正解は「正常な組織が破壊されない程度の放射線を複数の方向から腫瘍に集中するように当てる」であった。2つの問題の持つ共通構造に気がついて、類推による問題解決がなされたのである。しかし、自主的に類推を使うのは難しく、問題のヒントであると教示しないと正解率は3割にとどまる。

5　知　　能

1）知能とは

　知能の定義にはさまざまなものがあるが、より全体的、包括的な定義として、ウェクスラー（Wechsler, D. W.）の「知能とは、目的的に行動し、合理的に思考し、環境を効果的に処理する個人の総合的、または全体的能力である」や矢田部の「ものごとをよく理解し、記憶し、新しい問題に当面した場合に、みずからの知識を利用して有効にこれを解決する能力」があげられる。

　知能の構造について、知能検査をはじめて作ったビネー（Binet, A.）は、知能を多様な知的作業の遂行に共通する一般的能力と考えたが、スピアマン

(Spearman, C.) は、共通能力としての一般因子（g）と各テスト特有の能力としての特殊因子（s）を仮定して二因子説を唱えた。一方、多因子説を提唱したサーストン（Thurstone, L. L.）は、すべてに共通するような一般因子は発見できず、いくつかの特殊因子に共通の因子の存在を仮定して、計数、語の流暢性、言語理解、記憶、推理、空間関係の7つの因子をあげている。またギルフォード（Guilford, J. P.）は、知能の構造

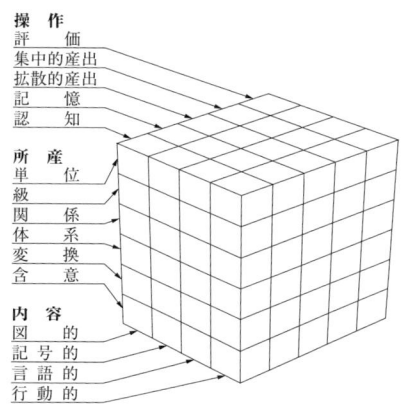

図表9-10　知性の構造
(Guilford, 1967；村田、1987)

化を試みて立体モデルを提唱した。立体モデルでは、知能を操作、操作の内容、操作の結果である所産としている。操作の中にある集中的産出（思考）は、1つの最適な答えを求める働きであるが、拡散的産出（思考）は、1つの結論にとどまらず、次々にいろいろなことを考えだしたり多様性を求めたりする働きである。拡散的思考は創造性に関わっている（図表9-10）。

2）知能検査

　初めて知能検査を作成したのは、ビネーである。1905年に発表した試案の後、1908年に発表した改訂版（ビネー・シモン検査）では、知的な発達の程度を表す指標として精神年齢（Mental Age：MA）を導入し、生まれてからの生活年齢（Chronological Age：CA）と区別した。精神年齢は、本人の知的年齢が何歳に相当するかを表したものである。その後、ビネー検査をアメリカに導入したターマン（Terman, L. M.）らの改訂版（スタンフォード・ビネー検査）では、知能の水準を表す指標として、知能指数（Intelligent Quotient：IQ）が採用された。知能指数では生活年齢を考慮して精神年齢をみている。
　ウェクスラーは、成人に精神年齢という概念が当てはまりにくいことや、

133

$$① 知能指数（IQ）= \frac{精神年齢（MA）}{生活年齢（CA）} \times 100$$

$$② 知能偏差値 = 10\left\{\frac{個人の得点（X）- 集団の平均点（\bar{X}）}{集団の標準偏差（SD）}\right\} + 50$$

$$③ 偏差知能指数 = 15\left\{\frac{個人の得点（X）- 集団の平均点（\bar{X}）}{集団の標準偏差（SD）}\right\} + 100$$

図表9-11　知能指数算出式（中島、1997）

知能検査の項目が言語に重点が置かれすぎていたことを批判してウェクスラー・ベルヴュー尺度を作成し、その後ウェクスラー成人用知能尺度（WAIS）と名づけた。ウェクスラー尺度では、言語を使う検査だけでなく組み合わせなど動作系の検査もあり、全体の能力だけでなく言語系、動作系の能力も分かる。さらに個々の課題の結果でプロフィールを作成し、知能の高低だけではなく得意、不得意な領域を診断することができる。成人用だけでなく、児童用（WISC）や幼児用（WPPSI）もある。ウェクスラー尺度では、精神年齢を用いず偏差知能指数で知能レベルを表示している。偏差知能指数とは、個人が、同一年齢層の集団の中でどのぐらいの位置にいるかを表すものであり、平均知能が100になるように作成されている。ビネーやウェクスラーの検査は個人検査であるが、集団用知能検査も他で開発され使用されている（図表9-11）。

　知能検査では、課題に対して1つの正答を要求するような集中的思考能力が必要とされる。独自な考え方や次から次へと考えを生み出すような創造的思考を測定することはできない。そのため創造性を測定する検査も開発されている。一般的に、知能と創造性の相関は低い。

3）知能の発達

　知能に影響を及ぼす要因として「遺伝か環境か」というのは、長年の論争である。遺伝の影響を示すものとして、双生児法や家系調査法などが行われている。双生児法では、同じ遺伝子を持つ一卵性双生児の相関は非常に高い

ことが示されているが、一卵性双生児でも異なった環境で育つと相関が低下してくる。またバッハやダーウィンの家系を調べると、優れた才能が遺伝する可能性が示唆される。しかし、同じ家系に属する人は同じような環境で生活することが多いことを考えると、環境の影響が全くないわけではない。また環境の影響を示すものとして、ローゼンツヴァイク（Rosenzweig, M. R.）らが、生まれたてのネズミを豊かな環境と貧しい環境で育てた後、脳の解剖を行った研究がある。その結果、貧しい環境で育てられたネズミに比べて豊かな環境で育てられたネズミの脳は神経繊維が多く発達していた。このように、パーソナリティなどと同様、知能も遺伝と環境の影響をともに受けている。

知能は、老年期に入る頃から徐々に低下してくるが、語彙や社会的知識などこれまでの経験に深く関係した結晶性知能は、あまり減少しない。しかし、新しいことを学習する能力や反応の速さなどの流動性知能は、老年期で低下する。

【引用・参考文献】

井上毅（1997）「第2章　記憶」北尾倫彦・中島実・井上毅・石王敦子『グラフィック心理学』サイエンス社、37-62頁

河合伊六（1989）「第4章　学習と学習指導」河合伊六・松山安雄編著『現代教育心理学図説』北大路書房、44-55頁

鈴木由起生・小川俊樹編（2001）『日常生活からの心理学入門』教育出版

中島実（1997）「第3章　思考」北尾倫彦・中島実・井上毅・石王敦子『グラフィック心理学』サイエンス社、63-86頁

松井孝雄（1995）「第10章　問題解決」森敏昭・井上毅・松井孝雄『グラフィック認知心理学』サイエンス社、209-228頁

三浦正樹（2003）「第3章　学ぶということ」滝沢武久編著『はじめての教育心理学』八千代出版、41-71頁

村田孝次（1987）『教養の心理学』培風館

森敏昭・井上毅・松井孝雄（1995）『グラフィック認知心理学』サイエンス社

矢田部達郎監修（1962）『心理学初歩』培風館、49頁

和気典二ほか（1991）『心理学アップデイト』福村出版

Atkinson, R. C., & Shiffrin, R. M. (1971) The control of short-term memory. *Scientific American*, 225, 82-90.

Dunker, K. (1945) On problem solving. *Psychological Monograph,* 58 (Whole No.270).

Guilford, J. P. (1967) *The nature of human intelligence.* McGraw-hill.

Luchins, A. S. (1942) Mechanization in problem solving : The effect of Einstellung. *Psychological Monograph,* 54, No.248.

Maier, N. R. F. (1931) Reasoning in humans II : The solution of a problem and its its appearance in consciousness. *Journal of Comparative Psychology,* 12. 181-194.

Simon, H. A., & Hayes, J. R. (1976) The understanding process : Problem isomorphs. *Cognitive Psychology,* 8, 165-190.

Wechsler, D. W. (1939) *The measurement and appraisal of adult intelligence.* Williams & Willkins.

第10章 学習意欲

1 学習意欲とは

 「勉強しようと思ってもなかなかやる気が出ない」とか、あの生徒たちはいまいち意欲に欠ける」など、日常生活でよく「やる気」とか「意欲」という言葉が使われる。「やる気」とか「意欲」とは何なのだろうか。この章では「学習意欲」について教育心理学的にみていく。
 ところで、そもそも私たちはなぜ学習するのだろうか。「試験に合格するため」とか、「よい成績をとってご褒美をもらうため」などさまざまな理由があるだろう。以下にいくつか学習する理由をあげてみた。あなたは、どの理由が一番当てはまるだろうか。

① 学習すること自体が楽しいし、やっていて充実感があるから（充実志向）
② 知力をきたえるため（訓練志向）
③ 将来の仕事や生活に活かすため（実用志向）
④ みんながやっているから（関係志向）
⑤ プライドや競争心から（自尊志向）
⑥ 報酬を得るため（報酬志向）

 上記は市川による学習動機の分類である。学習にはさまざまな動機があるが、おおよそ上の6種類に分類されるだろう。これらの動機は2つの次元で区別することができる。1つは学習内容の重要性という次元で、①から③の動機は学習内容を重視する考え方、④から⑥はあまり学習内容を重視しない

考え方といえる。もう1つは学習の功利性という次元で、①から③へ（あるいは④から⑥へ）進むにつれ「やれば得をする」という功利的な理由になっていく。学習動機を2つの次元で説明する市川の分類を、学習動機の2要因モデルという。

「ウマを水辺に導くことはできるが、ウマに水を飲ませることはできない」とよくいわれる。ウマを水辺まで連れて行っても、ウマにその気がなければ水は飲まないということである。このことはさまざまな場面に当てはまる。子どもの前にいくらおもちゃを並べても、子どもがそのおもちゃを気に入らなければ、手にとって遊ばないだろう。いくらスポーツの環境を整えても、競技をする人に意欲がなければ練習をしないだろう。ところが、のどが渇いていたら、ウマは水を飲み、子どもの気に入ったおもちゃなら、やめろといわれてもそのおもちゃで遊び続け、競技者が「ライバルに負けたくない」とひとたび目覚めれば、猛練習を始める。これらの行動にはすべて本人のやる気や意欲、関心といった内的状態が関係している。

学習場面でも同じことがいえる。無理矢理子どもを机の前に座らせても、本人にやる気がなければ勉強ははかどらない。本章ではこの学習意欲についてみていく。なお、「やる気」や「意欲」については、心理学では「動機づけ」という概念のもとで広く研究されてきた。「動機づけ」は教育場面に限らず、生活全般に関係した概念である。また、スポーツ場面ではモチベーションとして研究されている。したがって次節ではまず、「動機づけ」の心理学についてみていく。

2 動機づけとは

1）動機づけの過程

動機づけの心理学では、動物を含めた人間の行動を説明する際、行動する主体の内的要因（欲求、動機、動因）と外的要因（目標、誘因）に分け、これら

の結びつき（動機づけ）から理解していく。先の水辺に連れて来られたウマの例では、のどが渇いているかどうかというウマの内的欲求を仮定することによりウマの行動が説明できる。動機づけとは、行動を一定の方向に向けて生起させ、持続させる過程や機能の全般を指す概念である。なお、上記の用語のうち、欲求はやや漠然としたものを指すのに対し、動機は具体的なものを指す。また動機は目標と対になり社会的な場面で使われ、動因は誘因と対になって生理的行動を記述する際に多く使われる。しかしながら厳密に区別して使用しているわけではない。

　櫻井は、動機づけの過程を、①先行要因（環境、記憶、内的状態）、②欲求、③動機（動因）＝目標（誘因）の選択、④行動、⑤目的の達成、⑥満足や報酬という流れで説明している。夕食後の行動を例に考えてみよう。夕食を食べ終えるというのが先行要因である。そして、寝るまでに少し遊びたいという欲求が生じる→ゲームをするかテレビをみるかという目標から、ゲームを選択をする→ゲームを始める→充分ゲームをする→満足して寝る、という流れである。ところが同じ夕食後の行動でも、先行要因に「期末試験前である」という条件が加われば行動は変わってくる。いつものように遊びたいという欲求と試験で悪い点をとりたくないという失敗回避欲求が生じる→遊びか勉強かという目標から勉強を選択する→勉強を始める→学習内容が理解できた→満足して寝る、という流れに変わってくる。実際の行動は、先行要因、欲求の内容や強さ、目標の内容など多くの要因によって影響を受けるためより複雑な過程になるが、「動機づけ」という概念を導入することにより人間の複雑な行動が理解しやすくなるのである。

2）動機づけの種類

　欲求には、大きく分けて一次的欲求（生物学的欲求、基本的欲求）と二次的欲求（社会的欲求、派生的欲求）がある。一次的欲求は生物が生まれつき持っている基本的欲求で、個体が生きるために必要な欲求と種族を保存するために必要な欲求がある。前者は、摂食、摂水、排泄、休息、睡眠、呼吸などの欲求

図表10-1 マズローの欲求階層説
(Maslow, 1954)

で、後者は性的欲求、母性欲求である。二次的欲求は社会での経験から学習により獲得されるもので、さまざまなものがある。マレー（Murray, H. A.）は、いろいろな物やお金を集めたいという獲得欲求、他の人より優位に立ちたいという優越欲求、弱者を助けたり援助したいという養護欲求など全部で28の社会的欲求リストをあげている。

　マズロー（Maslow, A. H.）は、欲求を階層構造でとらえている（図表10-1）。そこでは、欲求は低次なものから高次なものへと配置され、下層には生理的欲求、中層には社会的欲求があり、最上層には自己実現の欲求がある。彼は、低次の欲求から高次の欲求へと徐々に発達し、低次の欲求が満たされてから次のより高次な欲求へ移行していくと考えた。例えば、生理的欲求は他のすべての欲求の基礎にあり、飢えとか渇きが満たされてはじめて次の行動に移行できるとした。しかし、自己実現の欲求を満たすために多少の空腹を我慢して頑張るといったように、低次の欲求より高次の欲求を優先させる場合があるということを否定しているわけではない。

　マズローの説は学習環境の整備という面へ応用できる。空腹であったり、睡眠不足で眠かったりしていては勉強がはかどらない。学習の際にはまず、この生理的条件を整えておく必要がある。次に、地震や台風が来ている場合も安心して勉強できない。大規模な災害時はむしろ身の安全確保が優先される。学習は安全な環境で行われなければならない。学校では皆、学級に所属し、学級の中で仲間たちと知識や社会的ルールを学んでいく。また学級で同じ時間をすごすことにより、かけがえのない友人関係が築かれていく。所属と愛の欲求を満たしてくれているのが学級という場なのであり、これが学級の意義である。また、学級には単に所属していればいいというものではない。

時間が進むにつれそれぞれの地位と役割が分化してくる。その中で、どの児童・生徒も皆、自分の役割を持ち、先生や友達から認められていたら、学習はさらに楽しいものとなるだろう。逆に学級に居場所がなければ、そこでの学習はつまらないものとなってしまうだろう。承認欲求が満たされてはじめて効果的な学習が可能となるのである。自己実現というのは、例えば将来教師になって子どもたちに教えたいという欲求であるが、そのためには欲求を下の方から順次満たしつつ、学習を積み重ねていかなければならない。

3）達成動機

社会的動機の中に、達成動機という動機がある。達成動機とは、困難を克服して、難しいことを成し遂げ、高い目標に達すること、あるいは自己を超克すること、などの動機である。学習場面では、ふだんの勉強を積み重ねて、志望校に合格したり、難関試験や就職試験に合格したりすることが求められる。これはまさに達成動機といえるだろう。

さて、アトキンソン（Atkinson, J. W.）は、達成傾向の大きさは動機、期待、価値という3つの要因のかけ算で規定されるとした。ここでの動機は成功したいという欲求の強さであり、成功動機ともよばれる。期待は成功するだろうという期待のことで、主観的確率ともよばれる。価値は成功した場合の魅力で誘因ともよばれる。達成傾向の大きさは各要因のかけ算なので、他の要因が一定ならば、その個人の成功したいという動機が強くなればなるほど、大きくなる。なお、ここでの動機は広義の内的状態のことで、緊張状態なども含まれる。大切な試験や試合の前に緊張状態が続けば達成傾向は弱まると考えられる。また同様に、誘因の魅力が大きければ（受験の場合は志望校が魅力的であれば）、達成傾向も大きくなる。これらは常識的に納得できることであるが、興味深いのはモデルにおける主観的確率の要因が果たす役割である。これまでの研究から、達成動機が強い人は主観的確率が50％の時に、達成行動を最も持続させることが分かっている。挑戦する課題が、難しすぎる場合でも、簡単すぎる場合でもなく、（実際のではなく本人が思う）確率が成功失

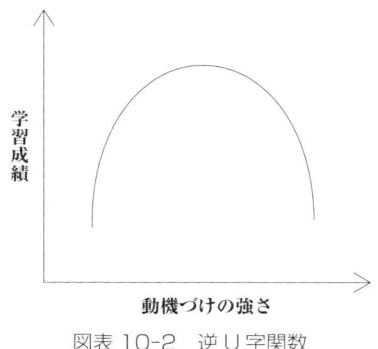

敗半々の時、やる気が一番持続するというのである。児童・生徒に課題や目標を与える時に参考になるモデルである。

4）ヤーキーズ・ドットソンの法則

動機づけと学習の間には重要な法則がある。ヤーキーズとドットソン（Yerkes, R. M. & Dodson, J. D.）は、ネズミを使った学習実験から、動機づけのレベルと学習のパフォーマンスとの間には逆U字型の関係があることを見出した（図表10-2）。学習の成果には最適の動機づけの水準があり、それより低すぎてもあるいは高すぎてもパフォーマンスは悪くなるというものである。さらに、これには課題の困難度も関係し、課題が困難になるにつれ、最適な動機づけ水準も上昇していく。この法則は人間にも当てはまり、教育場面のみならずスポーツ場面などさまざまな分野で応用されている。

図表10-2　逆U字関数

5）コンフリクト

欲求は、すべてが満たされるわけではない。学習場面で「今度のテストは満点をとりたい」とか「クラスで1番になりたい」とか思っても、その欲求は満たされない場合の方が多い。欲求が満たされない状態を欲求不満状態という。欲求不満を生じさせる要因としては、内的なものと外的なものが考えられる。テストで満点がとれず欲求不満が生じるといった場合の外的要因としては「テストが難しかったから」など、内的要因としては「勉強しなかったから」などの理由が考えられる。こうした欲求不満を抱えたままでは学習も進展せず、精神的健康にもよくないことから、その原因を見極め、対処することが必要となる。

2つ以上の同じ強さの誘因があって、いずれかを選択しなければならないのだが、なかなかどちらか一方に決めきれずに、結果として欲求不満が生じ

ている状態を葛藤状態あるいはコンフリクト状態という。これには複数の正の誘因価を持つものの中から1つを選ぶ接近―接近型、複数の負の誘因価を持つものの中から1つを選ぶ回避―回避型、対象が正負両面の誘因価を持つ場合の接近―回避型がある。コンフリクト状態も教育場面でよく経験されることである。教師はこうした児童・生徒のコンフリクトをよく理解し、児童・生徒が自らの手で欲求不満を解消できるように手助けしなければならない。

3　内発的動機づけ

1）動因低減説

　行動心理学者のハル（Hull, C. L.）は、ある行動が生起する確率は習慣強度と動因のかけ算で決まるとした。ここで習慣強度とは、動物や人間がその時点で持っている特定の刺激に対する反応の強さのことで、動物実験から得られた概念である。この説では、飢えや渇きなどの生理的欲求が生じた時や、電気ショックなどの苦痛から逃れたいという欲求が生じた時に、その欲求を満たそうとして行動が生起すると説明する（欲求が満たされると不快な動因が低減するので動因低減説とよばれる）。すなわち、生物は動因を低減させるために行動するので、学習が成立するためには、報酬や罰が効果を持つと考えた。

2）内発的動機づけ

　動因低減説は、かけ算の関係になっているので、動因が全くない場合は行動は起こらないと考える。学習を成立させるためには積極的に物質的な賞とか罰を与えなければならないと考えるのである。ここで、報酬とか罰のような外部の目標を得るための手段として行動する場合の動機づけを外発的動機づけとよぶ。

　当初は、学習が成立するためには外からの動機づけが必要不可欠であると

考えられていたが、そのような動機づけがなくとも人間は充分活動的な存在であることが示されてきた。その１つが感性動機である。カナダのマッギル大学で感覚遮断の実験が行われた。これは、目にカバーをして音楽も聴けないが、何もしないで単にベッドに寝ているだけでいいという条件であったが、参加者はそのような状態には長く耐えられなかったという。人間は何か刺激がないと耐えられず、何らかの感覚刺激を求める存在であることが分かった。その他にも、同じ刺激が続くより異なる刺激を求めるという好奇動機、機械的パズルが与えられると、たとえ報酬がなくてもパズルに熱中するなどの操作動機、考えたり知識を得たりすること自体を楽しむ認知動機などがある。このように、人間には生来的に、活動それ自体を目的とする欲求がある。外部からの報酬を得るための手段としてではなく、（たとえ報酬がなくても）行動すること自体が目標となっている動機づけを内発的動機づけという。

3）内発的動機づけと報酬

　教育心理学的にみると、報酬や罰を与え外部から強制的に学習させるよりも、内発的動機づけにもとづいた学習の方が望ましい。ここで、内発的動機づけと報酬に関する興味深い研究を紹介する。デシ（Deci, E. L.）は大学生にソマとよばれるパズルを与え実験を行った（このパズルは大学生が内発的に強く動機づけられる課題であることが確認されている）。実験は３つのセッションからなり、実験群と統制群がある。第１セッションではいずれの群でも普通にパズル解きを行った。第２セッションで、実験群にはパズルが解けるたびに金銭が与えられた。統制群はパズルが解けても何も与えられなかった。第３セッションではどちらも第１セッションと同様にパズル解きを行った。このような実験の結果、第１セッションと第３セッションの時間を比較すると、実験群では第３セッションでのパズル解きの時間が統計的に有意に低下したのに対し、統制群ではそのような低下はみられなかった。実験群は、金銭的報酬を得ていた群であるので、そのような報酬がパズルに対する興味を失わせたことになる。それに対し、何も与えられない統制群では、パズルに対する

興味を持ち続けた。

　パズルに費やす時間は内発的動機の指標と考えられる。つまり、この結果は金銭的な報酬が内発的意欲を低下させることを示している。このように、報酬を与えることによって元々持っていた内発的動機づけが低下することをアンダーマイニング現象という。

　幼児を対象として同様の実験を行ったのはレッパーら（Lepper, M. R., *et al.*）である。第1の条件では絵がうまく描けたら、ごほうびとして賞状をあげると約束した（報酬期待群）。第2の条件では、約束はしなかったが、絵を描いた後に賞状を与えた（報酬群）。第3の条件では、賞状を与えなかった（無報酬群）。その結果、報酬期待群でのみ絵を描くということに対する内発的動機の低下がみられた。これは、外的報酬自体が意欲を低下させるのではなく（第2の条件）、報酬を期待させることが、アンダーマイニング現象に関係するということを示唆している。なお、言語的賞賛はアンダーマイニング現象を生じさせないことが示されている。児童・生徒が好奇心や興味・関心から学習している時に物質的報酬を与えることは、かえって学習の妨げになる。そのような場合はそっと見守り、うまくできた時には、「うまい」「よくやった」などの言葉がけで充分やる気を育てることができると思われる。

4　学習性無力感

　学習場面ではやる気の高い人ばかりではない。むしろ動機づけ水準の低い無気力や抑うつ状態の人が多いのが現状である。これらは、心理学では学習性無力感として研究されてきた。セリグマンとメイヤー（Seligman, M. & Maier, S.）は、イヌを使った実験でこれを確かめた。イヌは随伴群、非随伴群、統制群の3群に分けられた。随伴群と非随伴群は機械的につながれており電気ショックが同量与えられる仕組みになっている。ただし、電気ショックが与えられると、随伴群ではパネルを押すことで電気ショックを終了させることができるが、非随伴群は自分で終了させることができなかった。統制群は

何も与えられなかった。その後、回避訓練が行われた。回避訓練では信号の10秒後に電気ショックが与えられるが、別の場所に移ればショックを回避できる。その結果、随伴群と統制群では回避行動をすぐ学習し、電気ショックを免れたが、非随伴群のイヌはうまく回避できず、その場にうずくまることが多かった。随伴群のイヌは自分の行動と結果が結びついているのに対し、非随伴群ではそうではなかった。このような非随伴的な経験や統制不可能な経験が無力感を形成したのである（学習性無力感）。

　これに関し、バンデューラ（Bandura, A.）は、自分の行為について自分がきちんと統制しているという信念あるいは自分が行為の主体であるという確信のことを自己効力感と名づけた。そして、自らの行動が結果に影響を及ぼすという期待（結果期待）と、そのような行動が実行できるという期待（効力期待）が、意欲を生むとした。また、ド・シャームは自分の意思で動いている状態をオリジン（origin）、他人から動かされている状態をポーン（pawn）とよんでいる。チェスでいえば指し手とコマに当たる。人から動かされてやっている時よりも、自分が選んだ行動を、自分の意思でやっている時に意欲が高まるというのは日常経験からも納得がいくことであろう。

5　原因帰属

　スポーツなどで、それまで弱かったチームが急に強くなったりすると、誰しも「なぜ」という問いを発する。そして、そのチームが実力のある選手を入れて強化していたことを知って納得したりする。このように物事の原因を推測して、何かの要因に帰属させることを「原因帰属」という。この原因帰属の仕方も学習意欲に関係する。

　ワイナー（Weiner, B.）は「成功や失敗という結果に対し、その原因をどう認知するかによって後続の行動での成功への期待や喚起される感情が変わり、この期待と感情を媒介として後続の行動が決定される」とした（図表10-3）。例をあげて説明しよう。試験で思いのほか成績がよかったとする。その原因

を「今回は試験勉強をよく頑張ったから」と考えれば、次の試験も「また頑張ろう」と意欲がわいてきて、次回のよい成績も期待できる。また感情的にも誇らしい気持ちや「やればできるんだ」という自信につながる。ところが逆に、同じよい成績でも、「たまたまヤマが当たったから」と考えると、運頼みになってしまい、次回も運よくよい成績がとれるかどうか期待が持てない。運がいいのでうれしいというのはあるだろうが、自信にはつながらない。このように、成功や失敗に対する認知の仕方によって、生じる感情や次回への期待が異なり、さらには、次回の行動に向けての意欲が異なってくるのである。

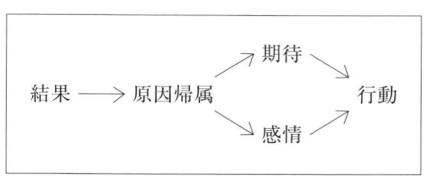

図表10-3 原因帰属の流れ

さらに、ワイナーは原因を何に帰属させるかという帰属先の分類を行っている。図表10-4で、「原因の位置」というのは帰属先が自分自身に関わるかどうかで、内的と外的がある。内的な帰属先としては能力や努力、気分、その時の体調などである。外的なものは、課題の困難度や運など自分で統制できないものである。また、その原因が安定しているかどうかという「安定性」の次元もある。能力や課題の困難度は安定、努力や運は不安定である。ワイナーは自分で統制できる努力に原因帰属した場合、次の成功に向けての意欲が高まるとした。ドウェック（Dweck, C. S.）は、この考え方を応用し、再帰属訓練（間違えもそれは努力が足りなかったためだと強調し、次に向けて励ます）を行って、学習意欲を持たせることに成功している。

図表10-4 2次元による帰属先の分類（Weiner, 1980）

安定性 \ 原因の位置	内的	外的
安定	能力	課題の困難度
不安定	努力	運

6　学習意欲を高めるために

1）動機づけが低下している場合

　学習をすると「苦痛を伴うイメージ」が生起して、動機づけが低下している場合がある（学習性無力感の状態）。このような場合、臨床心理学者の倉光は、まずどのような「苦痛を伴うイメージ」が生じているか、すなわちどういう欲求が満たされていないかを推測する必要があるという。児童・生徒の話をじっくり聞いたり一緒に遊んだりして感情反応やイメージ表現が起こりやすい場面を共有してその同定を試みる。ただし、表現それ自体が苦痛を伴うこともあるので、ケースによってはあえて聞かない方がいい場合もある。当初の欲求が満たされない場合には、部分的ないし代理的満足を提供する。さらに、「個人的当為」の措定を行う。「個人的当為」とは、これからの人生でやりたいことで、しかも自分の価値観に照らしてやるべきであると思うことである。「個人的当為」をみつけるのはたやすいことではないが、当事者とのやりとりの過程の中から、「個人的当為」が自然に浮かびあがってくることもあるという（倉光）。また意欲が著しく低下している場合には休息をしてエネルギーの充足を待つことも必要である。

2）発達段階別の視点

　櫻井は、自ら学ぶ意欲が大切であるとし、各発達段階での教育の仕方を述べている。ここではその中からいくつかを紹介する。

（1）幼　児　期

　まず、「応答的環境」を用意することである。つまり、子どもの質問に近くにいる親がすぐに答えてあげられる環境のことである。子どもの知的好奇心は著しい。子どもの知識欲をできる限り充足してあげることが大切である。子どもの質問を無視していると、何にも関心を示さない無感動な子どもに育

ってしまう。また、食事、着替え、トイレなどの「基本的生活習慣の自立」も大切である。これは幼児期の発達課題であるが、基本的生活習慣の自立は、子どもに有能感をもたらす。また、食事やトイレはマズローの欲求階層の基礎部分に相当する。幼児期にこれらの欲求が満たされなければ次の欲求階層へ進むことができない。

(2) 児 童 期

小学校にあがれば、まず、学習習慣を形成させたい。これは家庭での学習習慣のことで、帰宅後の宿題や予習・復習のことである。低学年の場合、問題が比較的やさしく正解を得られやすいことから、子どもも有能感を感じやすい。高学年になるにつれ、問題が難しくなり、そこから始めたのでは宿題（学習習慣）は手につきにくい。「適切な期待」も大切である。「○○さんは作文が上手だね」という言葉がけで、子どもは自信を持つ。ただし、高学年になると自分で自分をある程度客観視できるようになるため、間違った期待をするとかえって信頼を損なう場合もあるので注意が必要である。

(3) 青 年 期

中学校や高校段階に入ると、得意・不得意科目がはっきりしてくる。得意科目は自らの興味で意欲的に学ぶだろうから、それをさらに伸ばすように指導すればよいだろう。不得意科目の場合は、他者より優れているという優越欲求ではなく、以前の自分よりできるようになった、知識が増えたという自己成長欲求を満たすような指導を取り入れたい。またこのあたりから、将来目標（人生目標）を意識させ、目標のために頑張るよう動機づけたい。ただし自分に合った適切な目標設定が望まれるので、学校では進路指導の充実も必要であろう。

3) 教育場面で

(1) 外発から内発へ

従来の教育心理学では、賞や罰による外発的動機づけによる学習は、他者からコントロールされているという理由で、否定的にみられてきた。しかし、

実際の学習場面では賞罰による学習が頻繁に行われ、一時的にせよ成績もあがる。内発的動機づけが望ましいといわれても、はじめからそのような動機づけだけで学習する人はむしろまれである。最近では、外発的動機づけから内発的動機づけへと二分法ではなく、段階的にとらえている。そこでは自律性の概念が重視され、動機づけを、やらされているという他律的なものから、自ら進んでやっているという自律的・自己決定的なものへと段階的に分けている。最終的には内発的動機づけが望ましいのであるが、子どもの発達段階や学ぶ教科、学力や性格などに応じて柔軟に対処してもいいだろう。

(2) 目標設定の仕方

フォード（Ford, M. E.）は、目標を「目標内容」と「目標プロセス」からとらえた。そして目標は階層構造を形成しているとした。「教師になる」という目標の下位目標として「教員免許をとる」というものがあり、その下位目標として「教育実習に行く」という目標がある。問題を解く時には簡単なものから難しいものへと進むように、学習意欲を持続させるためには、適切な目標設定をしていく必要があろう。

(3) フロー状態

好きな本を夢中になって読んでいる時とか、スポーツの試合をしている時など、物事に没頭する時がある。フローとは、そのような、自然に気分が集中し努力感を伴わず活動に没頭できるというような、目標と現実が調和した体験である（チクセントミハイ、Csikszentmihalyi, M.）。これは子どもの「遊び」のように内発的動機づけによる活動をしている時にみられる心理状態であるが、大人の学習場面でも重要であろう。フローは、挑戦レベルと技能レベルが一致している時経験されるという。

(4) 人間関係と意欲

これまで述べてきた内発的動機づけや自己効力感、帰属過程などの概念はその人自身の内側にある、個人内要因といえる。しかしながら、教室場面を考えてみると、子どもたちは教師との関係や友達関係など多くの人間関係の中で学んでいる。同じ励ましの言葉でも、人間関係ができていればより心に

図表10-5　動機づけ方略のリスト（伊藤・神藤、2003；中谷、2007）

方略のカテゴリ	方略の内容
整理方略	ノートのまとめ方、部屋や机などの環境を整えることで動機づけを調整する
想像方略	将来のことを考えたり、積極的な思考をしたりすることで動機づけを高める
負担軽減方略	得意なところや簡単なところをしたり、飽きたら別のことをしたり、休憩をしたりするなど、負担の軽減を図る
めりはり方略	学習時間の区切りをうまくつけて集中力を高める
内容方略	学習内容を身近なこと、よく知っていることや興味のあることと関係づける
社会的方略	友だちとともに学習をしたり相談をしたりすることで自らを動機づける
報酬方略	飲食や親からのごほうび、すなわち、外的な報酬によって学習へのやる気を高める

届くだろう。こうした視点からの意欲の理解も必要であろう。なお、このような視点の大切さは動機づけに限らない。「人間関係の中で学ぶ」視点は次章でも取り上げる。

(5)　動機づけの方略

　伊藤・神藤は、動機づけ方略について研究した。リストとしてまとめたのが、図表10-5である。具体的なものとして参考になるだろう。

【引用・参考文献】
市川伸一（2001）『学ぶ意欲の心理学』PHP新書
伊藤崇達・神藤貴昭（2003）「中学生用自己動機づけ方略尺度の作成」『心理学研究』74巻、209-217頁
上淵寿編著（2004）『動機づけ研究の最前線』北大路書房
倉光修（2000）『動機づけの臨床心理学』日本評論社
櫻井茂男（2009）『自ら学ぶ意欲の心理学』有斐閣
チクセントミハイ，M.　大森弘監訳（2010）『フロー体験入門―楽しみと創造の心理学』世界思想社
中谷素之編著（2007）『学ぶ意欲を育てる人間関係づくり』金子書房
奈須正裕（2002）『やる気はどこから来るのか―意欲の心理学理論』北大路書房
宮本美沙子・奈須正裕編著（1995）『達成動機の理論と展開』金子書房
Maslow, A. H.（1954）*Motivation and Personality*. Harper & Row, Publishers, Inc.
Weiner, B.（1980）*Human Motivation*. New York : Holt, Rinehart and Winston.

第11章 学習の諸相

本章では学習を総合的観点からとらえ、教室場面での学習、教授—学習過程における適性処遇交互作用、学習の個人差、さまざまな学習指導法など、学習の諸相をみていく。

1 教室場面での学習

1) PDSサイクル

学習を指導する際には、「何を教えるか（目標）」「どのように教えるか（方法）」「目標達成をどのようにして確認するか（評価）」の3要件を考慮して行われなければならない。すなわち、教授—学習過程においてはまず、何を学ばせるのか、その具体的な目標が定められていなければならない。指導する側が明確な目標を持っていなければ、学習する側も何を学んでよいか分からず理解が進まない。目標が決まったならば、次にその目標を達成するために、どのように指導するか、具体的な指導方法を考えなければならない。指導方法には後述するようにさまざまなものがあるが、授業目標や学習者の特性などを考慮して最も効果的な指導方法を選択する。同時に、目標が達成されたかどうか、学習者の側からみれば教えられた内容がどの程度理解できたかを確認しなければならない。この評価という活動がなければ、教育は一方通行になってしまい、教師の自己満足に終わってしまう。評価には、評価の時期

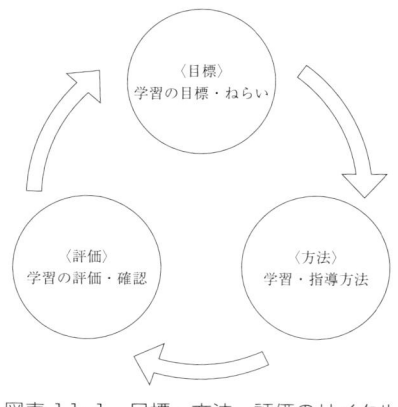

図表11-1　目標―方法―評価のサイクル

（事前・形成的・事後）、評価主体（自己・他者・相互）、評価基準（相対評価・絶対評価）、評価目的などによってさまざまな評価方法がある。この目標・方法・評価という3要件はいずれも教授―学習過程において重要なものであり、これらのうちのどれ1つ欠けても学習は成立しない。また評価を踏まえて次の授業目標を設定するというように、これらは一連のサイクルを形成している（図表11-1）。

このような流れは、一般にPDSサイクルといわれている。PDSとは計画（Plan）―実行（Do）―振り返り（See）の頭文字をとったものである。時間幅としては短期的（1授業の中で）、中期的（単元学習）、長期的（1学期を通しての学習）が考えられる。例えば1つの授業では、授業の始めにプリントや教科書にざっと目を通して、その授業の内容をざっと把握する（P）、授業を受ける（D）、授業が終わったら、その授業の内容を振り返る（S）といったようなことが考えられる。ロビンソン（Robinson, F. P.）は効果的な教科書の読み方としてSQ3R法を提唱した。SQ3Rとは、概観する（Survey）、設問する（Question）、読む（Read）、復唱（Recite）、復習（Review）である。この方法もPDSの考え方を展開したものと捉えることができる。

2）自己学習能力

自己学習能力とは、「目標―方法―評価」という学習を考える際の3要件を通して、自らが主体的に学習を行うことができる能力である。すなわち、自分で学習目標を設定し、その目標達成のために必要な方法を自ら選択して学習し、その学習成果を自己評価し、さらにこれらの情報を活かし次の学習行動へとつなげることのできる能力である。これは自己教育力ともよばれ、

自分でPDSサイクルを実行する能力であるともいえる。このような能力には、メタ認知が関係している。メタ認知とは、自らの情報処理活動をモニターし、制御するためのもので、自らが自らの認知的活動を高次の視点から眺めることである。自己学習において重要なのは、自己評価反応で、あらゆる過程で絶えず評価的判断を行い、自分の行動や学習状況をチェックし、調整することにより学習が進んでいく。自己学習システムは一種のフィードバックシステムともいえ、自分自身の学習に対する自己評価活動であるともいえる。自己評価活動は、その後の学習に対する動機づけ機能を有しており、さらなる学習を押し進める力となる。この自己評価を適切に行うことが自己学習能力を獲得する上で重要になってくる。

学校教育では「自ら学ぶ力」の育成が喫緊の課題としてあげられている。さらに、学校を卒業してからも学び続けることが求められる生涯学習社会でもある。このような時代には、自己学習能力を身につけることがますます求められるだろう。

3）人間関係の中で学ぶ

前章でも指摘したように、児童・生徒は教室という人間関係の場で学んでいる。先生との関係やクラスの仲間との関係がよければ、その教室で学ぶことは楽しく感じられるだろうし、そうでない場合は勉強は苦痛なものとなろう。関係性は学習動機づけの1つの要因となる。「仲間と同じ学校に進学したい」という理由から勉強することも考えられる。単に自分の優越欲求を満たすためだけではいけないが、よきライバルと切磋琢磨しながらお互いを高めていくという方法もあろう。

伊藤は、人から学ぶ方略として次のようなものをあげている。

(1) モデリング

スポーツや楽器演奏でうまい人の実演をみて学ぶのはよくあることである。学習場面でも、親や教師、周りの大人などの行動をモデルとして観察することによって学ぶことが多い。また、教室場面ではさまざまな個性と能力を持

ち合わせた仲間もモデルになりうる。モデリングでは単なるスキルや認知面の模倣にとどまらず、感情や意欲などの情意面、ひいては考え方や生き方全体まで影響を受ける場合もある。

(2) 学業的援助支援

分からないところを質問したり、うまくいかない時に助言を求めることである。何でもかんでもすぐに人に聞いてしまう「依存的要請」や、逆に引っ込み思案な性格のために一言聞けば解決するのに質問しない「要請の回避」ではなく、直接的な答よりもヒントを求める「適応的要請」が求められる。

(3) 相互教授法

子ども同士が互いに教え合うことで学びが促進される。相互教授法では、対話による相互作用が重視され、個人内の方略使用を相互の関わりを通じて、個人間で身につけていく。

2 適性処遇交互作用

1) 適性処遇交互作用とは

クロンバック(Cronbach, L. J.)は、「すべての人に効果的である唯一の教授法は存在しない」とし、学習者のタイプによって最適な教授法は異なるとの考えを示した。この考え方は、学習者の適性(学力、知能、性格、動機づけ水準など)と教育の処遇(教え方)との間には相互に関連があるとする適性処遇交互作用(Aptitude treatment Interaction:ATI)の概念としてまとめられている。

ATIに関する研究として、スノウら(Snow, R. E., et al.)の実験例がある。彼らは同程度の能力である2つのクラスの学生を対象に、教師による授業と映画による授業の効果を比較した。学生を対人積極性の高低で3水準に分けて成績を分析したところ、教え方と対人積極性の間に交互作用がみられた(図表11-2)。対人積極性の高い学生は教師による授業で最も成績がよく、逆に対人積極性の低い学生は映画による授業で最も成績がよかった。学生全体

としてみれば2つの教え方による成績の違いはみられなかった。対人積極性の高い学生は、活動的で、人とのコミュニケーションを好むといった特徴があるので、教師と対面しながらの授業が効果的であったと思われる。反対に、対人積極性の低い学生は、受動的で、人との接触をあまり好まないタイプなので、映画のように一方的に情報が与えられる授業方法がよい効果をもたらしたと説明できる。

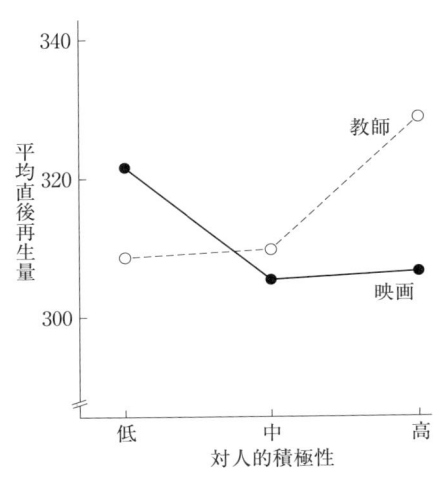

図表11-2　適正処遇交互作用の例
(Snow, Tiffin, Seibert., 1965)

　学習の最適化を目指すATIの考え方は教育実践的には魅力的なものであるが、さまざまな理由から実際の授業でこれを行うのは難しい。また教育では、学習者に合った指導法で適性を伸ばしてあげるという考え方（特恵モデル）だけではなく、あえて学習者の苦手な指導方法で学習者の弱い部分を伸ばしてあげるという考え方（補償モデル）も成り立つ。先の例でいえば、対人積極性の低い学生をあえてコミュニケーションを積極的にとらなければいけないような授業形態の中に置き、徐々に本人の受動的性格を変えていくことを目的とした教育もあり得る。しかし、いずれにしても、教師は学習者一人ひとりのタイプをよく把握し、それらに対応したさまざまな指導方法を身につけておかなければならない。

2）学習者のタイプ

　ATIにおける適性には、知能や習熟度、パーソナリティ、興味・関心などがあるが、その他にも学習者のタイプとして次のようなものがある。

(1) 認知スタイル

　情報の処理様式や判断の仕方の個人差である。ケイガン（Kagan, J. A.）は、

課題を解く際の反応時間は長いものの誤りは少ない熟慮型と、逆に反応時間は短いものの誤りが多い衝動型に分けた。通常、発達とともに衝動型から熟慮型へと移行していくが、個人のスタイルとして衝動型が残ることもある。ウィトキン（Witkin, H. A.）は周りの場に影響を受けやすい場依存型と影響を受けにくい場独立型に分けた。前者は外発的動機づけで、後者は内発的動機づけでよく学習するといわれている。

(2) 学習スタイル

人には、それぞれの勉強方法がある。個人の好む学習様式を学習スタイルというが、これにはさまざまなものがある。環境要因として光（勉強しやすい明るさ）、音（音があった方がいいのか）、気温（暑い寒い）などがある。また、朝型・夜型といわれるように勉強時間帯の好みもある。集団の際は共通の物理的環境条件下で勉強しなければならないが、個人で勉強する時は自分にあった学習環境を整える必要がある。感覚器官によるスタイルもある。同じ内容の学習でも、視覚型は教科書や参考書を読む方が、聴覚型では講義を聴く方が頭に入りやすい。学習を広くとらえれば、運動型や触覚型もある。性格に関連したものとしては内向型・外向型があり、先に示した対人積極性はその指標の1つである。規範型・柔軟型の違いも学習に影響する。物事を計画的に進め、秩序を好むタイプとそうでないタイプである。学習の際は、規範型の方が望ましいように思われるが、行きすぎると不測の事態が起こった時に修正が効かないというマイナス面もある。その他、人と一緒の方がいいというような社会的条件によるもの、動機づけの仕方の好みによるものなどの学習スタイルがある。

(3) 集中的思考と拡散的思考

ギルフォード（Guilford, J. P.）は、思考の仕方を、唯一の正答に到達する集中的思考とさまざまな異なる解答を導き出す拡散的思考に分けた。学力テストや知能検査では集中的思考が、創造性検査では拡散的思考が求められる。学習場面で思考スタイルとして現れ、学業成績に関係している可能性が高い。

3　さまざまな学習指導法

　前節では教授—学習過程において、教え方と学習の個人差との間には相互作用があるというATIの概念を示し、さらにATIのAである、学習者の適性について説明した。この節では、ATIのI、すなわちさまざまな学習指導法について述べる。学習指導法にはさまざまなものがあるが、学習の自由度の観点からみると分かりやすい。学習の自由度とは、課題選択の幅、活動の多様性、期間の柔軟性、応答行動の多様性などを指標としたものである。講義による説明（後に述べる有意味受容学習）は教師が課題を選択し、学習者の活動も限られているという点で学習の自由度は低く、夏休みの自由研究（後にみるプロジェクト法）などは、自分で課題を設定し、自由に活動して研究課題の解決を図るという意味において、自由度は高い。以下、代表的な指導法をみていくが、教師は学習内容や教材、あるいは学習者のタイプなどに応じて、どのような指導法でも教えることができるようにしておかなければならない。また学習者の立場からしても、それぞれの授業形態の特質を理解しておいた方が、より効果的に学ぶことができるだろう。

1）有意味受容学習

　オーズベル（Ausubel, D. P.）は、新たな知識を獲得することは、既有の知識体系の中にそれを取り入れることであるとして有意味受容学習を提唱した。ここでいう有意味学習とは、事実を単に暗記するだけの機械的学習ではなく、学習された内容を学習者がすでに持っている認知構造や知識体系に結びつけ、全体の知識に統合していくような学習を指している。一方、受容学習とは、学習者が知識を見出していく発見学習と対比されるもので、学習内容がそのままの形で提供され、学習者がそれを受け入れて行く学習である。したがって有意味受容学習では、学習者は、以前学習した知識と新しい知識を結びつけて理解を深めていくという積極的姿勢が求められる。

具体的には授業の第1段階で先行オーガナイザーが提示される。先行オーガナイザーとは、要約や見出しのように、学習に先立って与えられる、理解の「足がかり」となるような抽象的、一般的、包括的な情報である。先行オーガナイザーには、学習者に何がその授業で重要なのかを理解させる、既有の知識を思い出させる、知識や情報の相互関連性を理解させる、といった役割がある。先行オーガナイザーは、大別して2つある。1つは全体的な見通しの効く概念的構造を与える説明オーガナイザーで、もう1つは既有の知識との類似点や相違点を明確にする比較オーガナイザーである。

2）プログラム学習

　今でこそ、CAIやeラーニングなどコンピューターを利用した学習が普及しているが、歴史的にみれば、スキナー（Skinner, B. F.）によるプログラム学習がそのもととなる（第8章参照）。プログラム学習とはオペラント条件づけの原理を応用したもので、学習内容や学習過程をあらかじめ分析し、体系化されたプログラムによって指導する方法である。その基本原理は以下の通りである。

　① スモール・ステップの原理：　学習内容を小さなステップに分け、それを積み重ねることによって、最終目標へ到達するようになっている。前に答えたことが次の質問の基礎となるように問題が作られており、誤反応が少なくなるように設計されている。

　② 積極的反応の原理：　オペラント条件づけは自発的な反応によって成立するものである。プログラム学習も学習者が積極的に答えることによって次に進むことができる。

　③ 即時確認の原理：　学習者が答えたら即座に正誤が分かる。いわゆるKRが与えられることにより、自分の学習結果を確認でき、次への動機づけにもなる。

　④ 自己速度の原理：　問題が与えられてから解答するまで、学習者により早い遅いがある。コンピューターによる個別学習なので、学習者のペース

で学習できる。

　これらは、機材（当初はティーチングマシーンによって行われていた）や情報機器が新しくなっても、学習指導における基本原理として現在でも通用するものである。ただし、教師―生徒間の人間的つながりが（皆無ではないが）得にくいこと、自由な発想を求める課題や複雑な応用問題には適用しにくいなどという短所がある。

3）完全習得学習

　ブルーム（Bloom, B. S.）は「どんな学習者でも十分な時間さえかければ学習課題を達成できる」という考えから、完全習得学習（マスタリー・ラーニング）を提唱した。これは、指導者が目標を詳しく分析し、学習の進捗状況を形成的評価によって把握しながら、すべての学習者が学習内容を完全に習得するよう指導していくシステムである。主要な授業は一斉指導で行うが、適宜行われる形成的評価により目標が達成できていない児童・生徒に対しては、補足的な個別指導を行うのが特徴である。

4）発見学習

　発見学習とはブルーナー（Bruner, J. S.）によって提唱されたもので、先のオーズベルの分類に従えば、有意味発見学習である。すなわち、児童・生徒自らが学習すべき知識をみつけ出していくという学習方法であり、①学習課題の把握、②仮説の設定、③仮説の練り上げ、④仮説の検証、⑤発展とまとめ、という5つの段階がある。

　発見学習では、児童・生徒が独自で問題を解決しなければならないので、自主性とともに、思考能力や創造性を育むことができる。そのためには教師は、周到に授業を準備し、適切な助言や援助を行う必要がある。また自発的な発見は児童・生徒の興味や関心を引き起こし、内発的動機づけを高めることも期待できる。しかし、この方法は、ある程度の先行経験と知的水準が求められるため、低学年では効果的な学習は期待できない。また、問題解決ま

で多くの段階を踏むため、時間がかかりすぎるという難点もある。なお発見学習の一種として、わが国では板倉による仮説実験授業が有名である。

5）プロジェクト法

プロジェクト法はデューイ（Dewey, J.）やキルパトリック（Kilpatrick, W. H.）によって理論づけられた方法で、実際の作業や活動を通して課題を解決していくという問題解決型の学習指導法である。問題の設定、学習計画の立案、作業や体験による学習活動、結果の検証という段階を踏んで進む。教師から課題が与えられ、それについて資料を調べてまとめるという課題研究、課題も自由に設定し自らが観察や実験を行ってレポートにまとめる夏休みの自由研究、卒業論文などはプロジェクト法の一種であると考えることができる。このような学習は個人でも行うことができるが、グループで協同して行うこ

図表11-3　プロジェクト学習の例（石田・石田、1999）

「トランスポート（輸送手段）についてのプロジェクト課題」
課題　〈下にあげた人たちについて調べ、見出しにしたがって報告しなさい〉
生　　涯：その人はどこでいつ生まれたか、もし死んでいるならそれも書く。 　　　　　どこの国で仕事をしたか。さらに調べる中で、興味のある事実があればそれも書く。
発見・発明：その人が発見あるいは発明した、「輸送手段」の発展にとって重要なものについて書く。
重　要　性：なぜ、かれらの発見・発明が、人間の「輸送手段」の発展に重要であると思うのか述べなさい。
人名 　①　G. スティーブンソン　　②　J. ワット 　③　G. ダイムラー　　　　　④　ライト兄弟
〈注意事項〉 　・はじめる前に、レポートのことを考えなさい！ 　・報告（発表）には、絵や図を使いなさい。 　・見出しには、違った形の文字を使いなさい。 　・漢字の間違いや文章をチェックし、言葉の意味を調べておきなさい。
情報は教室や図書館の本から得られます。でも、他のいろいろなところからも探すことができます。がんばって!!

ともできる(グループ・プロジェクト法)。探索型の学習であり、問題解決を通して、直接的な体験から抽象的な概念や原理を理解させようとするもので、児童・生徒の自主性が求められる(図表11-3)。

6) オープン・エデュケーション

　この方法では、子どもの自由で自主的な学習活動こそ真の学習であるとして、そのための環境を整えようとする。子どもたちは教室の壁がとりはらわれたオープン・スペースとよばれる場所で、自分の興味・関心に従って自主的に学習する。教師は、子どもたちの学習活動のよき助言者であり、観察者であり、よき聞き手であって、子どもたちをコントロールする者ではない。その特色は次の通りである。

　① 教室に壁がない：　オープン・スペースとよばれる広い空間で学習する。あるいは、学校内さらには学校外の施設を使うこともできる。

　② 学習の仕方に壁がない：　学習内容は、児童・生徒の興味・関心に応じて選択できる。そのためにさまざまな課題が準備されている。

　③ クラス・学年の壁がない：　児童・生徒はクラスに固定されず、学年を越えた無学年制や縦割りグループでの学習も行われる。

　④ 教科・時間割に壁がない：　理科と算数、理科と社会といったように2つ以上の教科を合わせて学習することもある。また時間割も大枠が設定されているだけで、柔軟性がある。

7) 協同学習

　わが国の教室では、クラス編成された児童・生徒に対し、同じ教室で、同じ教材を用い、同じペースで指導していくという一斉授業が主流である。一斉授業という指導方法は、一度に多くの児童・生徒に大量情報を提供することができて、学習の効率性や学習機会の平等性という観点からすれば、最も使いやすい形態である。もちろん一斉授業だけでは足りない点もあるが、それを補う方法も工夫されてきた。個別性を無視しているという点に対して

は、プログラム学習や完全習得学習が改善方法として考えられる。暗記や知識中心主義になりがちであるという点に対しては、発見学習やプロジェクト法が考えられる。また一斉授業には、児童・生徒が受動的で消極的になってしまう点もある。さらに、せっかく仲間たちと一緒に学んでいるのに学習者同士のコミュニケーションが少ないということも指摘される。協同学習は協調性や社会性といった態度的目標を、知識や理解力などの認知的目標と同時に達成すべき目標として重視した学習システムである。協同学習では、学習者同士のコミュニケーションを重視し、学習者の話し合いを通じて、学習目標を達成していくことが求められる。形式的には、小集団に分かれて学習する形態であるが、討論への積極的な参加を促し、認知的な学習と態度的な学習が同時に行われることを意図している。したがって、単にグループで学習しているだけというのは、協同学習とはいえない。協同学習には次のような特徴がある。

① メンバー間の相互作用： グループ内でお互いの考えや情報を交換し、メンバー同士の相互作用を通じて学習していく。

② 個人の責任： 自分自身の考えや意見を持つことが要求される。そのために各自で課題に取り組んだり予習をする。個人の責任が重視され、決して1人だけ怠けてはいけない。

③ リーダーシップ： 積極性のある子どもだけがリーダーになるのではなく、リーダーは分担し、すべての児童・生徒がリーダーを経験する。

④ 人間関係の重視： メンバー同士のやりとりの中から、自己主張の仕方、協調性、愛他意識、コミュニケーションスキル

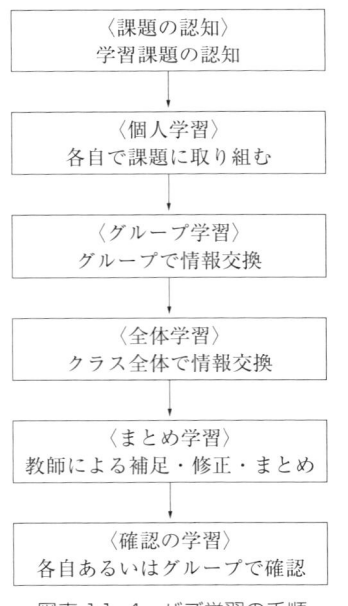

図表11-4　バズ学習の手順
（塩田、1989）

〈課題の認知〉
学習課題の認知

〈個人学習〉
各自で課題に取り組む

〈グループ学習〉
グループで情報交換

〈全体学習〉
クラス全体で情報交換

〈まとめ学習〉
教師による補足・修正・まとめ

〈確認の学習〉
各自あるいはグループで確認

などの社会的技能を学び、そこから人間関係の重要性を学んでいく。
　⑤　異質なメンバー構成：　同じような能力、考え方のメンバーではなく、なるべく異質のメンバーで構成し、異質なもの同士のコミュニケーションを学ぶ。
　協同学習の典型例としては、グループでの話し合いの様子がハチがブンブンいうバズを連想させることから名づけられたバズ学習がある（図表11-4）。なお、大学などではLTD（Learning Through Discussion）話し合い学習法として知られている。

【引用・参考文献】
石田裕久・石田勢津子（1999）『オーストラリアの小学校：総合学習・学校生活・地域社会』揺籃社
板倉聖宣（1974）『仮説実験授業』仮説社
古藤泰弘（2013）『教育方法学の実践研究』教育出版
塩田芳久（1989）『授業活性化の「バズ学習」入門』明治図書
篠原彰一（2008）『学習心理学への招待［改訂版］』サイエンス社
杉原一昭・海保博之編著（1986）『事例で学ぶ教育心理学』福村出版
多鹿秀継編著（1999）『認知心理学からみた授業過程の理解』北大路書房
辰野千寿（1989）『学習スタイルを生かす先生』図書文化
中込四郎・山本裕二・伊藤豊彦（2007）『スポーツ心理学』培風館
安永悟（2006）『実践・LTD話し合い学習法』ナカニシヤ出版
Snow, R. E., Tiffin, J. & Seibert, W. F.（1965）Individual Differences and Instructional Film Effect. *Journal of educational Psychology*, 71, 3-25.

第12章 特別支援教育

1 特別支援教育とは

　文部科学省によれば、特別支援教育とは、「障害のある幼児児童生徒の自立や社会参加に向けた主体的な取組を支援するという視点に立ち、幼児児童生徒一人ひとりの教育的ニーズを把握し、その持てる力を高め、生活や学習上の困難を改善又は克服するため、適切な指導及び必要な支援を行うもの」とされている。
　この章では、近年、法改正も含めて大きく変化してきた特別支援教育について概観し、障害とは何か、特別な支援を必要とする子どもたちにどのような教育的配慮が求められるのかをみていきたい。

1）障害児者への教育の始まり

　障害のある子どもたちを対象とした教育はいつ頃から始まったのだろうか。明治5年の学制公布から100年の記念に、文部科学省によって編纂された『学制百年史』によれば「すでに江戸時代の寺子屋には、盲児、聾唖（ろうあ）児、肢（し）体不自由児、精薄児等の障害児がかなり在籍していたことが報告されている。」とある。すなわち近代の教育制度が始まる前に、すでに障害のある子どもたちにも教育の道が開かれていたようである。また、「わが国の近代盲・聾教育は、十一年五月京都の上京区に開業した盲唖院をもって創始された」とあり、障害児者の学校としては、1878年に京都に設

置された盲唖院（現・京都府立盲学校）が国内では最初のもののようである。その後、視覚障害と聴覚障害では必要とされる教育内容が異なるのだから学校を分けるべきという考えが生まれ、盲学校と聾学校という異なる学校種が制定されるようになった。

　しかし、そこからスムーズに障害児者への教育が普及したわけではなく、初等教育の義務化が進むとともに、障害のある子どもたちは就学猶予・免除という形で教育の対象から実質的には外されるようになった。前出の『学制百年史』にも「このことから、重い障害児の小学校就学は実際にますます困難になった。これらの事情によって教育を受ける機会をもたない盲・聾児のため、盲唖学校、盲人学校の設置が急速に全国的に促進された。」とあり、明治期の障害児者への教育は一部の篤志家の活躍によるところが大きかったようである。その後少しずつ公立の盲・聾学校の設置数は増加していったようだが、本格的に義務教育となったのは、戦後の学校教育法の制定後であった。また、知的障害や肢体不自由といった障害のある子どもたちを対象とした義務教育の実現は、さらに遅れ、全員が義務教育の対象となったのは、昭和54（1979）年であった。

　ちなみに、世界ではじめて作成された知能検査は、1904年にビネー（Binet, A.）によって作成されたものであるが、彼が検査作成に着手したきっかけは、フランスにおける学校教育義務化の流れの中で、通常の学習についていけない子どもたちの存在が注目されたためである。彼らの学業不振が本人の怠学によるものなのか学習に必要な能力が不足しているからなのかを知能検査を行うことによって判別し、能力不足によるものについては、特別なクラスで適切な教育を行うべきと考えられたのである。これはまさに特殊教育の考え方といえるであろう。

2）特殊教育から特別支援教育へ

　図表12-1に示したような識者の検討会議や制度の改正等を経て、平成19（2007）年にそれまでの「特殊教育」から「特別支援教育」へと障害児教育に

第12章 特別支援教育

図表12-1 特別支援教育に関する制度改正等

H13.1	「21世紀の特殊教育の在り方について～一人一人のニーズに応じた特別な支援の在り方について～（最終報告）」
H13.10	「特別支援教育の在り方に関する調査研究協力者会議」を設置
H14.5	就学基準の見直し。就学基準に該当する障害のある子どもであっても認定就学者として小学校に就学が可能になる
H15.3	「今後の特別支援教育の在り方について（最終報告）」
H16.2	中央教育審議会初等中等教育分科会の下に特別支援教育特別委員会を設置
H16.12	発達障害者支援法公布
H17.12	「特別支援教育を推進するための制度の在り方について（答申）」
H18.4	学校教育法施行規則の一部改正。通級による指導の対象に、学習障害者及び注意欠陥多動性障害者が加わる。情緒障害者を自閉症者と情緒障害者に整理
H18.12	障害者の権利に関する条約が国連総会において採択
H19.4	学校教育法等の一部改正 **特別支援教育の本格的な開始**。特殊教育から特別支援教育へ
H21.2	情緒障害学級の名称を自閉症・情緒障害学級に改称
H24.7	「共生社会の形成に向けたインクルーシブ教育システム構築のための特別支援教育の推進（報告）」

図表12-2 特別支援学校（幼稚部・小学部・中学部・高等部）に在学する幼児児童生徒数―国・公・私立計（文部科学省ホームページ）

区分	在籍幼児児童生徒数（人）					学校数（校）
	幼稚部	小学部	中学部	高等部	計	
視覚障害	227	1,760	1,114	2,793	5,894	87
聴覚障害	1,215	3,099	1,909	2,310	8,533	120
知的障害	211	32,889	25,482	56,773	115,355	681
肢体不自由	150	13,595	8,243	10,019	32,007	324
病弱	14	7,349	5,164	6,663	19,190	139
総計	1,569	37,097	28,829	62,499	129,994	1,059

（平成24年5月1日現在）

注）複数の障害種を対象としている学校、また、複数の障害を併せ有する幼児児童生徒については、それぞれの障害種ごとに重複してカウントしている。よって、それぞれの障害種別の合計は「総計」と一致しない。

おいて大きな転換がなされた。その結果、従来、障害種別に盲・聾・養護学校と分けられていた学校種が特別支援学校に一本化され、特別支援学校は地域の特別支援のセンター的機能を担うという位置づけがなされた。また、特別支援教育の対象に、新たに学習障害や注意欠陥多動性障害、アスペルガー

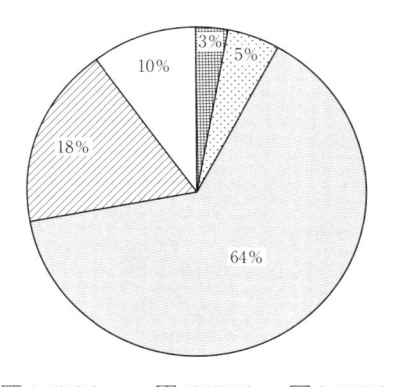

▦ 視覚障害　▧ 聴覚障害　▨ 知的障害
▨ 肢体不自由　□ 病弱

図表 12-3　障害種別在籍児童生徒数の割合

症候群等が加えられた。

　平成 24 年時点における特別支援学校の在籍児童生徒数とその割合は図表 12-2 および図表 12-3 の通りであり、知的障害者の割合が圧倒的に高いことが分かる。また特別支援学校の就学基準は図表 12-4 となっており、従来はこの基準に該当する者は、特別支援学校へ原則就学することとされていた。しかし、平成 26 年 4 月の入学者より就学先決定の仕組みが変わり、本

図表 12-4　特別支援学校への就学の基準となる障害の程度
（学校教育法施行令　第 22 条の 3）

区　　分	障　害　の　程　度
視覚障害者	両眼の視力がおおむね 0.3 未満のもの又は視力以外の視機能障害が高度のもののうち、拡大鏡等の使用によつても通常の文字、図形等の視覚による認識が不可能又は著しく困難な程度のもの
聴覚障害者	両耳の聴力レベルがおおむね 60 デシベル以上のもののうち、補聴器等の使用によつても通常の話声を解することが不可能又は著しく困難な程度のもの
知的障害者	1　知的発達の遅滞があり、他人との意思疎通が困難で日常生活を営むのに頻繁に援助を必要とする程度のもの 2　知的発達の遅滞の程度が前号に掲げる程度に達しないもののうち、社会生活への適応が著しく困難なもの
肢体不自由者	1　肢体不自由の状態が補装具の使用によつても歩行、筆記等日常生活における基本的な動作が不可能又は困難な程度のもの 2　肢体不自由の状態が前号に掲げる程度に達しないもののうち、常時の医学的観察指導を必要とする程度のもの
病　弱　者	1　慢性の呼吸器疾患、腎臓疾患及び神経疾患、悪性新生物その他の疾患の状態が継続して医療又は生活規制を必要とする程度のもの 2　身体虚弱の状態が継続して生活規制を必要とする程度のもの

注 1）　視力の測定は、万国式試視力表によるものとし、屈折異常があるものについては、矯正視力によつて測定する。
　 2）　聴力の測定は、日本工業規格によるオージオメータによる。

人・保護者の意見を最大限尊重した形で就学先を決定することになった。また、就学時に決定した学びの場は固定的なものではなく、発達の程度や適応の状況等により柔軟に転学ができるようになった。

このように、障害に応じた特別な教育が必要であるという特殊教育から、個のニーズに応じた配慮を行う特別支援教育への転換の背景には、大きく2つの事柄が関係している。1つはWHOの示した障害モデルの変化である。

3) 新しい障害観　ICIDHからICFへ

WHO（世界保健機関）が1980年に発表した国際障害分類（International Classification of Impairments, Disabilities and Handicaps：ICIDH）は、障害を①機能・形態障害②能力障害③社会的不利という三層構造でとらえるというものであった（図表12-5）。

しかし、この障害モデルは、矢印が一方向で運命論的であるとの誤解を与えることや、障害によるマイナス面しかみておらずプラス面に目が向けられていないこと、環境要因の影響が考慮されていないこと、社会的不利の分類が不十分であること、障害の主観的側面に目が向けられていないことなどの問題点が早い段階から指摘された。そこで、ICIDHを改訂する形で新しく作り出された分類が、2001年に発表された国際生活機能分類（International Classification of Functioning, Disability and Health：ICF）である（図表12-6）。ICFは、障害を生きることの困難としてとらえるという新しい障害観にもとづいており、人が生きること（＝生活機能）の全体を①心身機能・構造②活動③参加の3つのレベルでとらえる。①の「心身機能・構造」とは、生物レベル（生命レベル）での生きることであり、これが障害された状態を身体まひや言語障害、手足や臓器の欠損といった「機能・構造障害」とした。②の「活動」は

疾患変調 → ①機能・形態障害 → ②能力障害 → ③社会的不利

図表12-5　ICIDH（国際障害分類）モデル（1980）（上田〔2005〕より作成）

```
                          健康状態
                            ↕
    ┌─────────────┐   ┌─────────┐   ┌─────────┐
    │①心身機能・構造│↔│ ②活 動 │↔│ ③参 加 │
    └─────────────┘   └─────────┘   └─────────┘
            ↕              ↕              ↕
                    ┌───────────┐  ┌───────────┐
                    │ ④環境因子 │  │ ⑤個人因子 │
                    └───────────┘  └───────────┘
```

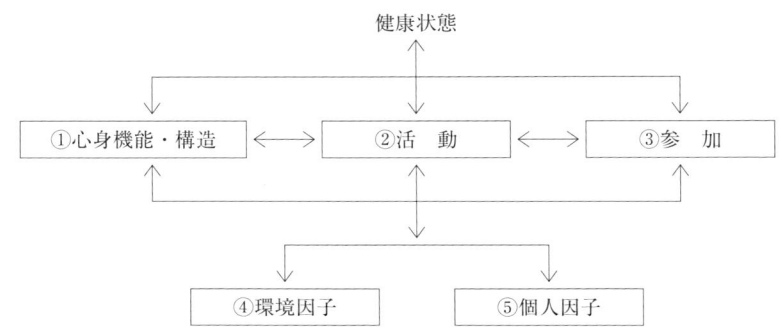

図表 12-6　ICF（国際生活機能分類）モデル（2001）（上田〔2005〕より作成）

個人レベル（生活レベル）の生きることであり、「できる活動」と「している活動」を分けてとらえる。このレベルが障害された状態が「活動制限」とされる。能力的に可能であるのに実際にはしていない活動は、何を変えればその活動が可能になるのかを考えやすく、教育目標にしやすい活動ともいえる。③の参加は社会レベル（人生レベル）の生きることであり、家庭や職場での役割や趣味や地域の活動などの社会参加がこれに相当する。このレベルでの障害は「参加制約」とされた。つまりこれらの3つのレベルのいずれかあるいは複数に障害があった場合に、それが本人が生きる上での困難となっていると考えるのである。

　そしてこれらは、お互いに双方向で影響を及ぼし合っており、さらに④環境因子と⑤個人因子の影響もそこに加わってくると考える。「環境因子」には物的環境や人的環境だけでなく、社会意識や制度的環境も含まれる。利便性の高い地域に住んでいるか、人の関わりが密な地域に住んでいるかによっても、「参加」レベルは変わってくるだろうし、本人を支える「人」がどれだけいるかによっても生きることの豊かさは影響を受けるだろう。制度が充実していれば放課後の外出のために介助ボランティアを頼むこともできるかもしれない。「個人因子」はその人特有の個性である。人とおしゃべりするのが大好きな人もいれば、黙って黙々と作業をするのが好きという人もいるだろう。毎日規則的に生活することを好む人もあれば、周囲からの声かけが

ないと生活が乱れやすいという人もいるだろう。いつもニコニコとした人であれば周囲からの関わりを得やすいかもしれない。

このようにICFによって障害を生きることの困難と考える障害モデルが示されたことにより、障害をいかに克服するかではなく、困難を困難ではなくするためにはどうしたらよいのかという視点が生まれ、個別のニーズに応じた配慮の重要性が認識されるようになったのである。また、ICFモデルを用いて、本人も含めた関係部署と連携して個別の教育支援計画を作成するといった取り組みも進められている。

特別支援教育への転換の背景にあるもう1つの事柄は、教育現場において、従来支援の対象とされてこなかった新しい障害である発達障害の存在が広く認識されるようになったことである。

2　発　達　障　害

1）発達障害とは

発達障害という用語は、使用される分野によって意味合いがやや異なって使われるが、①おおむね青年期までの発達の過程において生じる障害で、②中枢神経系（脳）の器質的あるいは機能的問題により、発達の遅れや偏りがみられる障害であり、③その症状は軽減したり消失したりすることのない比較的安定した経過をたどるものを指している。

代表的なものとして知的障害や脳性まひによる肢体不自由等の障害をあげることができる。これらの障害については、前述したように、教育制度の確立と並行して、通常の教育とは異なる教育を行うことの必要性が早い段階から認識され、実行されてきた。

他方で、障害という認識がなされず、親の育て方や本人の努力不足が原因とされ、支援の対象とされてこなかった発達障害がある。2004年に制定された発達障害者支援法において「『発達障害』とは、自閉症、アスペルガー

症候群その他の広汎性発達障害、学習障害、注意欠陥多動性障害その他これに類する脳機能の障害であってその症状が通常低年齢において発現するものとして政令で定めるものをいう。」と規定された障害である。

　脳機能の障害ということは、本人の努力によって変えることができるものではなく、単純にやる気を促すといった関わりだけでは不十分であり、何らかの配慮が必要ということである。例えば視力が低くて黒板の文字がみえにくい子どもに、「みようとする意欲が低いからだ」「もっとよく黒板をみて」といった声かけをするのはナンセンスである。この場合には眼鏡をかけさせるとか座席を前の方にするといった配慮を行う。発達障害の子どもたちもこれと同じで、自分の努力ではどうにもできない困難さを抱えているのである。しかし、長い間、教育現場においてはこういった障害の存在に気づかれず、おしゃべりが得意なのに国語の時間に簡単な文章が読めないのは学習が不十分であるからとか、授業中じっと座っていられないのは、我慢をする気持ちが育っていないからであるとか、友達とすぐにけんかになってしまうのは、他者の気持ちを思いやる心が育っていないからであるなどと考えられてきた。つまり、本人の性格や学習態度の問題、親の育て方などの後天的な要因に原因があると誤って考えられてきたのである。

　ちなみに当初は、これらの障害は知的障害を伴わないあるいは知的障害の程度が軽度であるという理由から「軽度発達障害」という言葉が用いられていた。しかし、「軽度」という言葉が、障害の程度が軽い、すなわち支援の必要性が低いという誤解を一般に与えることにつながり、教育現場でも本人や家族の自助努力に任せるといった風潮が一部においてはみられたため、2007年より、知的障害の有無や程度にかかわらず、発達障害という言葉に表記が統一されることになった。

　また、Developmental disorders も Developmental disabilities も日本語ではどちらも「発達障害」と訳すが、前者は生物学的な問題に焦点を当てる医学分野において用いられ、後者は社会的不利によってもたらされる問題に焦点を当てる教育や福祉分野で用いられるものである。

では、それぞれの障害はどのような特性を持つものなのか、以下にみていく。

2) 知的障害

知的障害には厳密な定義はないが、「記憶、推理、判断などの知的機能の発達に有意な遅れがみられ、社会生活などへの適応が難しい状態」と文部科学省のホームページには記載されている。標準化された知能検査においてIQ が 70 未満を知的障害とし、その程度によって、軽度・中度・重度にさらに分けることもある。医学的には精神遅滞（mental retardation）という。

「知的障害のある子どもは同年齢の子どもと比較すれば、知的発達が全体的に未分化であり、弁別・抽象・分類・総合・推理・判断などの働きが弱く、学習によって得た知識・技能は断片的になりやすく、実際の生活の場では応用されにくい」(中村・前川・四日市)という障害の特性から、学習場面においては、生活に役立つ内容を実際に体験することを重視しながら、個に応じた指導や少人数の集団で指導することが大切とされている。

IQ 50〜69 程度の軽度の知的障害の場合には、個人差はあるが小学校中学年から高学年程度の知的能力まで発達し、日常会話はそれほど問題なく行えることが多い。発達過程においては、染色体異常などの生物学的な原因が明らかな場合を除いては、首のすわりや歩行の開始の遅れなどから障害が疑われる場合もあるが、多くは言葉の発達の遅れから気づかれることが多い。

3) 自閉症スペクトラム障害 (Autistic Spectrum Disorder : ASD)

狭義の自閉症は、カナー (Kanner, L.) が見出した言葉の発達の遅れ、対人関係の問題、こだわりや常同行動などを特徴とするものである。このタイプの自閉症は従来から知的障害あるいは情緒障害のくくりの中で特別支援の対象となってきた。それに対して、アスペルガー (Asperger, H.) が報告し、1980 年代になってウィング (Wing, L.) の研究によって広く世に知られるようになったアスペルガー症候群は、自閉症であるが言葉の発達の遅れを伴わ

ないことを特徴とし、知的レベルが標準より高い者が多い。またアスペルガー症候群以外にも知的障害を伴わない自閉症として高機能自閉症や特定不能の広汎性発達障害 (Pervasive Developmental Disorder-Not Otherwise Specified：PDD-NOS) といった診断分類も存在するが、その区分はかなりあいまいであり、幼児期にはADHDと診断された子どもが青年期になるとアスペルガー症候群と診断されるケースもみられた。2013年に出されたアメリカの『精神障害の統計と診断の手引き (DSM-5)』では、これらを統合して自閉症スペクトラム障害としてまとめ、自閉症は、対人関係の問題とこだわりや常同行動を特徴とするが、その傾向の弱い者から強い者まで幅を持った障害であるとしている。

　また、感覚過敏や感覚鈍磨を有する者も多く、例えば触感覚に過敏な場合は、乳児期に抱かれることを極端に嫌がり、ベッドに寝かせておくと1人で機嫌よくしているので、小さい時は手がかからなかったとか、冬場でも半袖で登校していたという子もいる。一度体験したことをいつまでも鮮明に記憶しているといった特性を併せ持つ者も多く、時に前後の文脈と関連なく、過去の嫌な記憶が鮮明に想起されるというフラッシュバック現象を示す者もいる。

4) 注意欠陥／多動性障害 (Attention-Deficit/Hyperactivity Disorder：ADHD)

　ADHDとは、「年齢あるいは発達に不釣り合いな注意力、及び／又は衝動性、多動性を特徴とする行動の障害で、社会的な活動や学業の機能に支障をきたすものである。また、7歳以前に現れ、その状態が継続し、中枢神経系に何らかの要因による機能不全があると推定される。」と文部科学省では定義している。幼児期の子どもたちは総じて活発で多動なものであるが、他児が落ち着いて一定時間すごせるようになっても落ち着きのない状態が続くことで、障害の存在が疑われることも多い。①多動を主とする者、②注意や集中の不足を主とする者、③両方の特性を併せ持つ者の3タイプが存在し、①は男児に多くみられ、②のタイプは女児に比較的多くみられる。①のタイプ

は、多動の程度によっては幼児教育の段階では元気な子どもとしてみられることもあるが、一斉授業を主とする小学校教育において問題として認識されやすい。そのため、比較的早期から対応がなされることが多い。一方②のタイプの場合は、周囲からは、ぼーっとした大人しい子どもとみられ、教室場面において問題に気づかれにくく、適切な対応がなされないことも多い。社会人になって、家の中が片づけられないとか仕事先との大事な約束を忘れるといったことが重なって、社会的不適応に陥ったところでようやく障害に本人も周囲も気づく場合もある。

5) 学習障害 (Learning Disabilities：LD)

学習障害とは、基本的には知的発達に遅れはないが、聞く、話す、読む、書く、計算するまたは推論するといった学習に必要な能力のうち特定のものに著しい困難を示すものである。例えば読む能力に問題があると、小学校の高学年になっても簡単な文章であっても一文字ずつの逐次読みをしたり、意味の類似している別の言葉として読んだりする勝手読みなどがみられたりする。書く能力に問題があると通常では小学校低学年までにみられる左右が反転した鏡文字や上下が逆転した逆さ文字を書いたりすることもある。他にも数の計算は得意なのに文章題になると一気に難しくなる子どもや、文章を書くのは得意なのに数の計算になると全く手に負えなくなる子どもなど、さまざまな症状があり、困難の程度も多様である。学習障害に対する適切な対応がなされない場合には、学年があがるにつれて、学習についていくのがきわめて難しくなり、本人も学習意欲を下げることで周囲から努力不足と受け取られたり、知的障害と誤解される場合もある。

6) 発達障害を有する児童の割合

このように従来障害と考えられず支援を受けられなかった者が、法改正によって支援の対象となったことは特筆すべき点である。しかし、『特別支援教育の在り方に関する特別委員会報告』によれば、2010年に特別支援学校

に在籍している子どもの割合は、英国1.2％、米国0.3％、日本0.6％に対して、特別支援教育の恩恵を受けている子どもの割合は、英国23.1％（障害以外の学習困難を含む）、米国10.8％（全員障害を有すると判定されている）、日本2.5％（特別支援学校、特別支援学級および通級による指導を受けている者。2012年5月1日時点では、2.9％に増加）となっている。支援が必要であるのに、実際には支援を受けることができていない者が日本においてはいまだ多いことが予想される数値である。実際2012年に文部科学省が行った調査においては、通常学級における発達障害の可能性のある児童生徒の在籍率は6.5％という数値が示されている。

3　発達障害への支援

では、このような障害を持つ児童・生徒に対してどのような支援方法があるのだろうか。発達障害の支援方法として、感覚統合や動作法、ボバース法やボイタ法、インリアルアプローチ、ペアレントトレーニングなどさまざまな技法や支援プログラムが提唱されてきた。ここではその中でも特に広く知られているTEACCHプログラム、応用行動分析、認知行動療法の3つを紹介する。

1）TEACCH

TEACCH（Treatment and Education of Autistic and related Communication handicapped CHildren：自閉症とコミュニケーション障害の子どもの治療と教育）とは、エリック・ショプラー（Eric Schopler）による研究をもとに、1972年にアメリカのノースカロライナ州に設立された州立機関であり、同州の自閉症児・者の幼児期から青年期にわたる支援制度のことである。そこで用いられた「構造化による指導」の有効性が広く認められ、世界的に普及した。日本にも1970年代に導入されており、日本ではこの構造化による指導を指してTEACCH（ティーチ）とよぶことも多いようである。TEACCHでは、自閉症の

人たちが比較的得意とする視覚的手がかりや特定のものへの興味や関心を利用して、教科学習、身辺自立、家庭生活、地域参加、就労など広範囲にわたる活動を支援する（ノースカロライナ大学医学部精神科 TEACCH 部）。特定の場所とそこでは何をするのかといったことを結びつけた視覚情報を提示する場合には、例えば、教室場面なら黒板の所定の場所にその日の時間割が上から下に向かって写真カードで示されている。今行う活動には⇒マークがつけられて、この時間は何を勉強するのかが黒板をみれば分かるようになっている。

〈事例1〉中学校2年生のAさんは、毎朝登校して教室に入ると、黒板の右側に書かれた今日の予定を確認します。1年生の始めの頃は、授業によって教室移動があるのがわからず、クラスメイトが急に荷物を持って教室を出て行くので不安になったり、しつこく次はどこに行くのかをたずねてしまい、友達からうるさがられることもありました。今は自分で黒板の今日の予定を見て、教室移動が必要な時間割の有無を確認することができます。教室の写真も貼ってあるので、どの教室に行けばよいのかわからずまごつくこともありません。安心して授業に臨むことができるようになりました。

また、視覚的構造化によって、具体的で視覚的な手がかりを課題そのものに組み込むことで、教師や周りの大人からの指示がなくても、自立してうまく作業を行うことが可能になる。視覚的構造化には、視覚的指示・視覚的整理統合・視覚的明確化の3つの中心的要素がある。視覚的指示とは、課題を完成させるための手順を視覚的に示したものである。写真や絵を使うことが多いが、文書によって手順が示される場合もある。視覚的整理統合は、作業環境の中で材料と空間を整理することによって、感覚的に入力される刺激を調整する。組み立てる材料ごとに収納容器を分けたり、作業空間を特定の領域に制限することによって、何に注意を向けるべきなのかを明確にすることができる。視覚的明確化は、視覚的指示の重要な部分を強調する役割を持ち、色や絵を使って課題の重要な部分を強調したり、必要がない材料や余分な材

料を取り除くことで、重要な部分に注意を向けやすくするのである。

　視覚的構造化を行うことによって、状況から意味を読み取ることが難しい子ども達が、この場では何を求められているのかが分かりやすくなる。

2）応用行動分析

　応用行動分析（Applied Behavior Analysis：ABA）とは、スキナー（Skinner, B. F.）のオペラント条件づけの考え方を応用したもので、行動療法ともよばれる。特定の状況（刺激）において、望ましい行動にはごほうびやほめ言葉を与える強化手続きによって、その行動の出現頻度を高めることができる。望ましくない行動にはどんな強化子も与えず無視するという消去手続きによってその行動の出現頻度を低くすることができるというのがオペラント条件づけの基本的な考えである。これを日常場面に応用し、条件づけ学習により、適切な場面で適切な行動を出現しやすくする方法が応用行動分析である。

　〈事例2〉小学校3年生のB君は、授業中じっとしているのが苦手です。今日は校庭から聞こえるダンスの練習に注意が向き、気がついたら運動場にいて、体育の先生に腕をつかまれ教室に戻されました。友達がクスクス笑っている顔が見えます。「あー、今日もやっちゃった。またお母さんに怒られるかな」とゆううつになりました。そこで毎日1時間、通級学級の先生と1対1でイスに長時間すわっていられるようにトレーニングをすることになりました。10分たつごとに、その間イスに座っていられたら、先生がごほうびにシールをくれます。このシールが10枚たまると先生がB君の好きな人間ブランコをしてくれるのです。1ヶ月ほどトレーニングを続けると授業中に以前ほど立ち歩かないで座っていることができるようになりました。また、B君がモゾモゾしだすと先生が「B君、このプリントをみんなに配ってくれるかな」と動いても良い活動を与えてくれ、プリントを渡した友達からも「ありがとう」と言ってもらえるので、ちょっと得意な気持ちになります。結果として授業に参加している時間が増えていきました。

ただし、この方法には般化が生じにくいという問題がある。つまり教室場面等で学習に用いた刺激と行動との組み合わせは容易に獲得されるが、それが日常生活等の他の場面では生じにくいことが指摘されている。

3) 認知行動療法

認知行動療法は、私たちの物事のとらえ方のくせや歪みに注目した心理療法である。一人ひとり性格が異なるように、物事のとらえ方＝認知の仕方が異なっている。コップに水が半分入っている状態をみて、「まだ半分も残っている」と考えるか「もう半分しか残っていない」と考えるかによって、前者はプラスの気分を後者はマイナスの気分を生じるだろう。プラスの気分の時には物事のよい面に注意が向きやすいが、マイナスの気分の時には悪い面に目が行きやすいものである。悪い面に目を向けるとその結果、行動もマイナスに陥りやすくなる。そこで、その人の認知のくせや歪みを知り、それを変えていくことによって、気分や行動面の問題を変えていこうとするのが認知行動療法である。例えば自分を客観的にみるのが難しい子どもたちの場合、今の自分の気持ちを図表12-7に示したような感情温度計を使って数値化してみることで、自分の今の状態を客観的にとらえることが可能になる。感情のコントロールの学習などに用いられる。

〈事例3〉小学校2年生のC君は、外で遊ぶのが大好きです。昼休みに運動場でドッジボールをしようと前の席の友達の肩をトントンと叩いたら、「何するんだ！」と怒鳴られました。友達は怒った顔をしています。一緒に楽しく遊ぼうと思ったのにど

図表12-7 「気持ち」温度計
（スタラード、2006）

うして怒っているのだろうとC君は訳がわかりません。僕のことが嫌いなんだと思ったらムカムカしてきて、気がついたら取っ組み合いのけんかをしていました。双方から話を聞いた先生は、C君を相談室に誘いました。他に人がいない静かな部屋の中で、「友達はC君からいきなり強く叩かれてびっくりしたと言っている」と先生から聞きました。先生が1から10まで目盛りのついた温度計のような絵を出してきました。「友達をトントンした時の力がこの目盛りの8の所だったとしたら、5の力はどれくらい？　3はどれくらい？」と聞いてきます。そして「友達の注意を引きたいときは1の強さでトントンするとよいね」と教えてくれました。

4）個のニーズに応じた支援

　実際の支援では、障害名にかかわらず、対象児がどのようなことが得意でどのようなことを苦手とするのか、今何に困っているのか、これから何を身につけたいと思っているのかといった一人ひとりのアセスメントをもとに、可能であれば本人の希望も聞きながら個別の教育支援計画を立てていく。

　全般的にいえることとしては、指示を出す時には、短い言葉で分かりやすく簡潔にいう。丁寧に説明しようとしてさまざまないい換えを多用して話をすることは、かえって当該の子どもにとっては何が大事なのか、話のどこに注目すればよいのかを分かりにくくする。また、できないところ、問題に焦点を当てるのではなく、何が得意なのかどんなことが好きなのかという、その子のよい面に焦点を当てることによって、学校教育を通して、自尊感情を育てていくことも大切である。本人のよさが周囲からも自分自身でも認めてもらえないという状況が長く続くと、その結果として二次障害になることもある。

4　障害とは何かを改めて考える

1) 社会によって生み出される「障害者」

　守屋は、「日本の心理学　これまでとこれから」というテーマで編集された雑誌の中で、「教育と研究の狭間で」というタイトルの一篇において、日本社会の障害への対応について自身の長年の研究をもとにいくつかの観点から批判を述べている。1つは、同じような障害を持っていても、障害を持つ人たちを取り巻く周囲の状況、環境次第では、それが障害になったりならなかったりするという、まさにICFの理念に通じる考えを、自身が直接関わった事例から紹介している。そして「障害者を社会から葬ることで『心身障害者』にするのは、ずる賢く自己中心的な『健常者』であり、単なる発達の遅れを『心身障害』にしてしまうのは、彼らが支配する社会なのである。」と糾弾している。

　また、『The Giving Tree（邦題：おおきな木）』（Silverstein）という絵本に対する感想が日本と英国・スウェーデン・韓国とでは違いがみられるという研究結果も紹介している。絵本の内容は、赤ちゃんから幼児・少年・青年・大人・老人という発達段階ごとの「少年」と「リンゴの木」の交流を示したものである。「リンゴの木」が「少年」と一緒にいられるだけで幸せであるとしているのに対して、「少年」はその時々の欲求に忠実に「リンゴの木」からリンゴの実・枝・幹と貪欲にとっていくのである。最後には、切り株のみとなった「リンゴの木」に老人となった「少年」が腰かけ休むという場面で終わっている。この話に対してどの国の子どもたちも少年への否定的な感想が出るのだが、その内容が異なるというのである。日本以外の国の子どもたちは、少年が一方的に木から与えてもらうだけで「Give and take」の関係になっていないことを問題視する感想が多い。一方、日本の子どもたちは、少年が木に頼ってばかりいることがいけない、直面する人生の課題を自力で

解決しようとしないのがいけないとする感想が多かったというのである。

　ここにも私たち日本の社会における障害を持つ人に対する意識がみえ隠れしているだろう。すなわち、障害を持つ人はその人自身が自力でその問題を解決しないといけないという考えである。

2) インクルーシブ教育システムの構築

　インクルーシブ教育システム (inclusive education system) とは、『障害者の権利に関する条約第24条』において、「人間の多様性の尊重等の強化、障害者が精神的及び身体的な能力等を可能な最大限度まで発達させ、自由な社会に効果的に参加することを可能とするとの目的の下、障害のある者と障害のない者が共に学ぶ仕組みであり、障害のある者が『general education system（教育制度一般）』から排除されないこと、自己の生活する地域において初等中等教育の機会が与えられること、個人に必要な『合理的な配慮』が提供される等が必要である」とされているもので、これからの教育のありようと考えられるものである（文部科学省）。

　似たような考え方として、ノーマライゼーションやインテグレーションという言葉があるが、これらが障害のある人も一般社会に参加していこうとする考えであるのに対して、インクルーシブ教育システムは、人々の多様な在り方を相互に認め合える全員参加型の「共生社会」を目指しているという点で、発展的な考え方といえる。

　このインクルーシブ教育システムを実現するに当たって、重要なキーワードとなるのが合理的配慮 (reasonable accommodation) である。合理的配慮とは、「障害者が他の者と平等にすべての人権及び基本的自由を享有し、又は行使することを確保するための必要かつ適当な変更および調整であって、特定の場合において必要とされるものであり、かつ、均衡を失した又は過度の負担を課さないものをいう」とされている。

　合理的配慮そのものは、一人ひとりの子どものニーズによって異なるため、すべてを網羅的に記述することはできないとして、配慮の観点が記されてい

図表 12-8　合理的配慮の観点

① 教育内容・方法	教育内容	学習上又は生活上の困難を改善・克服するための配慮
		学習内容の変更・調整
	教育方法	情報・コミュニケーション及び教材の配慮
		学習機会や体験の確保
		心理面・健康面の配慮
② 支援体制		専門性のある指導体制の整備
		幼児児童生徒、教職員、保護者、地域の理解啓発を図るための配慮
		災害時等の支援体制の整備
③ 施設・設備		校内環境のバリアフリー化
		発達、障害の状態及び特性等に応じた指導ができる施設・設備の配慮
		災害時等への対応に必要な施設・設備の配慮

る。その内容は図表 12-8 に示したような①教育内容・方法②支援体制③施設・設備という3つの大きな観点と 11 の下位項目からなるものである。新しい概念であり、その理解が不十分と考えられることから、早急に合理的配慮の充実に向けた調査研究事業を行い、国としての合理的配慮のデータベースを整備することが急務とされている。

また、インクルーシブ教育システムの構築の考えにもとづいた特別支援教育の推進は、「①障害のある子どもにも、②障害があることが周囲から認識されていないものの学習上又は生活上の困難のある子どもにも、③すべての子どもにとっても、良い効果をもたらすものである」とされている。

3)「特別」でない教育支援へ

今これを読んでいる人の多くは、教職を目指して勉強している人だと思う。もしかしたら、自分が目指しているのは一般校の教諭だから、特別支援教育は自分にとってはあまり関係がないものと考えて人もいるかもしれない。しかし、前述したように、英・米における特別支援教育を受けている子どもの割合は 10〜20% であることや、日本国内において、知的障害のない発達障害を有する子どもの割合が 6.5% と推計されていることなどから考えると、

幼・小・中・高のどの学校種においても確率的にはクラスに数人の特別支援教育を必要とする子どもたちが必ず存在することになる。特別支援学級の担任にならなくても特別支援教育の理解は教師にとって必須なのである。文部科学省においても、「インクルーシブ教育システムの構築のためには、すべての教員が特別支援教育に関する一定の知識・技能を有していることが必要であり、中でも発達障害に関する一定の知識・技能は、発達障害の可能性のある児童生徒の多くが通常の学級に在籍していることから必須である」とされている。

　また、現時点では特別支援教育の対象は、一般的な指導では教育効果が得られにくい、配慮を必要とする子どもたちを対象としたものに限定されているが、本来の教育の意味からいえば、一人ひとりのニーズに応じた教育、個々の理解レベルに合わせた授業は、特定の一部の人に向けたものではなく、教育を受ける全員に対して行われるべきものである。

　さらに、発達障害のとらえ方として、障害は個性であるとする人もいる。誰しもが自分の中にここは変えたいのだけれどとか、自分のここは嫌だけれど、でもそれも自分の一つの側面なので付き合っていかないといけないという特性があるのではないだろうか。例えば人前に立つのが苦手とか、初対面の人とは打ち解けにくいといった性格的なことや、数学は得意だけれど暗記は苦手といったような認知面の得意不得意の場合もあるだろう。障害も個性の一つとして捉えると、障害による特性を活かすような生き方を身につけるように働きかけることが教育と考えることもできるだろう。

　今はまだ「特別」な支援の段階であるが、どういった特性を有している人にはどのような配慮があると学びやすく、そして生きやすくなるのかという知見がこれからの教育実践を通して積み重ねられていく中で、今は障害とされている特性が個性の一つとして社会に自然に受け入れられるようになることで、本来の教育が目指す形に近づくのではないかと思う。教師を志す一人ひとりが特別でない「教育支援」を目指して研鑽を積むことを期待したいし、そういった教育支援を受けて育った子どもたちが大人になった時にはじめて

障害を障害として意識することのない社会、インクルーシブな共生社会が現実のものになるのではないかと考える。

【引用・参考文献】

上田敏（2005）『ICF（国際生活機能分類）の理解と活用』KSブックレットNo.5 きょうされん発行、萌文社

上野一彦・花熊曉編（2006）『軽度発達障害の教育』日本文化科学社

杉原一昭・杉原隆監修（2003）『田中ビネー知能検査Ⅴ　理論マニュアル』田研出版

スタラード，ポール　下山晴彦監訳（2006）『子どもと若者のための認知行動療法ワークブック』金剛出版

独立行政法人国立特殊教育総合研究所編（2005）『ICF（国際生活機能分類）活用の試み―障害のある子どもの支援を中心に』ジアース教育新社

中村満紀男・前川久男・四日市章編著（2009）『理解と支援の特別支援教育〈2訂版〉』コーレル社

ノースカロライナ大学医学部精神科TEACCH部編　服巻繁訳（2004）『見える形でわかりやすく』エンパワメント研究所

守屋慶子（2010）「教育と研究の狭間で」『心理学ワールド』(51)、13-16頁

文部科学省（1981）「学制百年史」(http://www.mext.go.jp/b_menu/hakusho/html/others/detail/1317674.htm)

文部科学省「特別支援教育について」(http://www.mext.go.jp/a_menu/shotou/tokubetu/main.htm)

文部科学省（2012）「共生社会の形成に向けたインクルーシブ教育システム構築のための特別支援教育の推進（報告）」(http://www.mext.go.jp/b_menu/shingi/chukyo/chukyo3/044/houkoku/1321667.htm)

Silverstein, S.（1964）*The Giving Tree*. Harper Collins renewed 1992

索　引

ア　行

ICIDH	171
ICF	171
愛着	25, 56
――理論	38
アイデンティティ	82
――拡散	84
――達成	84
――の再体制化	101
アカゲザルの実験	55
アクションリサーチ	13
足場かけ	42
アスペルガー	175
――症候群	175
アトキンソン	141
アンダーマイニング現象	145
生きる力	44
いじめ	72
維持リハーサル	126
一次的欲求	139
遺伝か環境か	134
遺伝と環境の相互作用説	33
意味記憶	124
インクルーシブ教育システム	184
ヴィゴツキー	41, 66
ウィトキン	158
ウィング	175
ウェクスラー成人用知能尺度（WAIS）	134
ヴント	5
運動感覚	50
エインズワース	56
ATI	156
ADHD	176
液体の混合課題の実験	80

S―R 説	109
SQ3R 法	154
エピソード記憶	124
エリクソン	23, 45, 61, 82, 94, 98, 102
LD	177
LTD	165
応答的環境	148
応用行動分析	180
オーズベル	159
オープン・エデュケーション	163
オペレーター	129

カ　行

外言	66
介護保険制度	106
回想法（ライフレビュー）	106
外発的動機づけ	143
学習障害	177
学習スタイル	158
学習性無力感	145
学習動機の2要因モデル	138
仮説演繹法	81
学校心理学	14
葛藤	143
家庭	98
カナー	175
空の巣症候群	101
感覚	49
――運動期	29, 51
――過敏	176
――鈍磨	176
環境閾値説	34
環境優位説	32
観察学習	115
完全習得学習	161

危機	84
基本的信頼感	24
キャッテル	97
ギャングエイジ	68
ギャンググループ	68
キューブラー・ロス	105
叫喚	53
教授―学習過程	153
共生社会	184
協同学習	164
キルパトリック	162
ギルフォード	158
勤勉性	27
具体的操作期	30, 65
クロンバック	156
ケイガン	157
形式的操作期	30, 80
形式陶冶	118
系列位置効果	124
ケース・スタディ	12
ゲゼル	31
結婚	95
結晶性知能	97
原因帰属	146
原始反射	46
高原	118
行動遺伝学	35
合理的配慮	184
高齢者	102
――虐待	103
ゴールトン	6
国際教育到達度評価学会（IEA）	69
子育て	96
古典的条件づけ	110
古典的モラトリアム	83
孤独死（孤立死）	104
個のニーズに応じた支援	182
個別の教育支援計画	182
コンフリクト	143

サ 行

再帰属訓練	147
再生法	125
再認法	125
作動記憶	123
サリヴァン	68
三項関係	53
3歳児神話	40
参与観察法	11
死	105
――因	103
ジェームズ	5
ジェンセン	34
視覚	49
――的構造化	179
――的絶壁	54
自我同一性地位（アイデンティティ・ステータス）	84
自己学習能力	154
自己効力感	146
自己中心性	65
自己中心的言語	66
自己主張	52
仕事	85, 94
自己認知	52
自殺	100
思春期	77
自然的観察法	11
実験的観察法	11
実験法	11
実質陶冶	119
質問紙法	12
児童期	61
シナプス	48
自閉症スペクトラム障害	175
社会的言語	66
就職活動	85
終身雇用制度	86

集中学習	116
シュテルン	7, 33
準実験	11
障害観	171
障害とは	183
生涯発達	18, 93
消去	110
初語	54
触覚	50
ショプラー	178
自律性	26
事例研究	12
新生児期	45
新生児模倣	49
新卒一括採用	85
親密性	27
心理社会的危機	24
随意運動	47
スキナー	111, 160, 180
スキャモンの成長曲線	22
ストレンジ・シチュエーション法	56
スノウら	156
刷り込み（インプリンティング）	38
正規雇用	86
性行動	79
成熟優位説	32
生殖性	27
成人期	94
精緻化リハーサル	126
成長	18
性徴	78
青年期	77
生理的早産	22
積極的関与	84
セリグマンとメイヤー	145
先行オーガナイザー	160
選好注視法	49
全習法	117
前操作期	30, 51
早期完了（フォークロージャー）	84
早期教育	40
双生児研究	36
ソーンダイク	6
ソシオグラム	69
ソシオマトリックス	69
ソシオメトリー	68
ソシオメトリック・テスト	68
粗大運動	47

タ　行

第一次性徴	78
第一次反抗期	52
対人関係	67
第二次性徴	78
第二次反抗期	82
代理強化	115
脱自己中心化	65
達成動機	141
タブラ・ラサ	32
WHO	171
知覚	50
チクセントミハイ	150
知的障害	175
知能	97
――指数	133
チャム	68
――シップ	68
注意欠陥／多動性障害	176
中年期	98
聴覚	50
DSM-5	176
TEACCH	178
TIMSS（国際数学・理科動向調査）	69
デカルト	4
適性処遇交互作用	156
デシ	144
テスト（検査）法	12

デューイ	6, 162
ド・シャーム	146
動因低減説	143
ドウェック	147
同化と調節	28
動機づけの過程	139
動機づけ方略	151
統計	13
統合	28
洞察	114
独語	66
特殊教育	168
特別支援教育	15, 167
トップダウン処理	122
友だち	67

ナ　行

内言	66
内発的動機づけ	144
喃語	53
二語発話	54
二次障害	182
二次的欲求	139
乳児期	45
乳幼児期	45
ニューロン	48
認知	50
——行動療法	181
——症	104
——スタイル	157
——説	109
——のくせ	181
——発達理論	28
年功序列制度	86
脳機能の障害	174

ハ　行

ハーロウ	39, 55
ハヴィガースト	19, 61, 94
バズ学習	165
発見学習	161
発達	17, 93
——加速現象	62
——課題	19
——障害	173
——段階	19
——の最近接領域	42
——の順序性と方向性	23
バトラー	106
話し合い学習法	165
パブロフ	110
ハル	143
般化	110
反抗	52, 82
反射	46
バンデューラ	115, 146
ピアジェ	17, 28, 51, 63, 66, 80
PDSサイクル	154
微細運動	47
非正規雇用	86
ビネー	6, 132, 168
評定法	12
敏感期	40
フィードバック	117
フェヒナー	5
フォード	150
輻輳説	7, 34
不登校	72
フラッシュバック現象	176
ブルーナー	42, 161
ブルーム	161
フレーベル	3
フロー	150
プログラム学習	112, 160

プロジェクト法	162
分化と統合	23
分散学習	116
ペスタロッチ	3
ベビースキーマ	26
ヘルバルト	3
弁別	111
ボウルヴィ	25, 38, 56
ホスピタリズム	39
母性的剥奪	56
保存課題	65
ボトムアップ処理	122
ポルトマン	22

マ 行

マーシャ	83
マズロー	140
自ら学ぶ力	155
メタ認知	127
メディア教育	43
面接法	12
モイマン	5
モデリング	115
モラトリアム	83-4
モレノ	68

ヤ 行

ヤーキーズとドットソン	142

有意味受容学習	159
有能感	26
幼児期	45
欲求階層説	140

ラ 行

離婚	99
流動性知能	97
臨界期	37
ルソー	3
レスポンデント条件づけ	111
レッパーら	145
レディネス	41
連合説	109
老年期	102
ローレンツ	25, 37
ロビンソン	154

ワ 行

ワーキングメモリ	123
ワイナー	146
ワトソン	32
ワロン	22

【編著者略歴】

三浦正樹（みうら・まさき）

京都大学大学院教育学研究科修了
芦屋大学講師、芦屋大学助教授を経て、現在、芦屋大学教授。
〔論文〕
「顔面表情の知覚における個人差―性差および認知様式との関係」（『心理学研究』）、Relationship between nonverbal decoding ability and cognitive mode（*Psychological Reports*）など。
〔著書（分担執筆）〕
『脳と教育』（朝倉書店）、『はじめての教育心理学』（八千代出版）、『新・心理学の基礎を学ぶ』（八千代出版）、『心理学概論』（ナカニシヤ出版）、『マインド・スペース』（ナカニシヤ出版）、『日常生活からの心理学入門』（教育出版）など。

発達と教育の心理学

2014年4月15日第1版1刷発行
2023年8月8日第1版3刷発行

編著者──三　浦　正　樹
発行者──森　口　恵美子
印刷所──壮　光　舎　印　刷
製本所──㈱グ　リ　ー　ン
発行所──八千代出版株式会社

〒101-0061　東京都千代田区神田三崎町2-2-13
TEL　03-3262-0420
FAX　03-3237-0723
振替　00190-4-168060

＊定価はカバーに表記してあります。
＊落丁・乱丁本はお取替えいたします。

ISBN978-4-8429-1624-8　　Ⓒ 2014 Masaki Miura et al.